HOW TO BE A
MIDDLE MANAGER

中层经理怎样当

薛灿宏◎著

职场规则篇

经济日报出版社

目　录

3
CHAPTER

4
CHAPTER

5

CHAPTER

第五章　中层经理如何带领团队 /121

6

CHAPTER

第六章　中层经理如何辅导下属 /143

7

CHAPTER

第七章　中层经理实际工作案例 /169

CHAPTER 1

第一章

中层经理的现状与内伤

热爱自己的商品，这种企业文化真的深入人心。

有一个故事，说有个人开了一辆丰田车，到某个地方去办事。车往那儿一停就办事去了，办完了回来一看，有个老头在帮他擦车。老头擦车擦得很仔细，他以为这个老头是擦车工，就问他你擦这辆车多少钱，是5块还是10块？谁知老头跟他说，我不要你的钱。

“我是丰田的老员工，你怎么可以把丰田车开得这么脏？”

何谓优秀的中层经理

近年我一直从事管理培训工作，与一些企业家和企业管理者成为朋友，他们愿意听我讲课，很乐意和我探讨一些话题。有一个话题是经常挂在嘴边的，就是企业如何做大、如何做强、如何做得更长久？今年做了5个亿的销售，明年如何做到8个亿的销售？今年赚了3000万的纯利润，明年如何赚到5000万的纯利润？

不同的管理者有不同的见解，有的人说企业要做大、做强，技术很重要，关键是创新，产品创新　、技术创新，在市场上永远处于领跑者的位置，你这个企业就能做大、做强。有的管理者认为关键是战略，人无远虑，必有近忧，一定要有长远的规划，没有长远的规划，企业做不好。也有的人认为，企业要做大、做强，可能跟制度有关系。曾经有一种说法，说一个企业如果三年里做得好，可能和机会、机遇有关系；一个企业如果五年里做得好，不一定和机遇有太大的关系，可能总经理确实有本事；如果一个企业十年以上都做得非常好，那么不仅仅是机遇，也不仅仅是靠总经理，可能和制度有关系。

一个企业要做大、做强，要做得持久，和制度、技术、创新、战略都有关系，但是我认为这些都不是根本的东西。你的厂房再漂亮，你的流水线再先进，目前你的产品在市场上占有率再高，仅仅代表你有一个成功的过去；真正决定企业未来的，我认为是你的员工队伍。你的员工队伍决定了企业的未来。某种意义上讲，你的员工队伍的高度和强度，决定了企业未来的高度和强度。那么员工队伍的高度与强度取决于什么呢？取决于中层干部、中层管理者。

因为在企业里面，董事长、总经理不可能每天去面对每一个基层的员工，每一个基层的员工，也不可能时时刻刻感受到总经理的思想，感觉到董事长的战略。那么靠谁去承上启下呢？关键是中层管理者。

写这本书的目的，不是和中层管理者探讨如何去做计划，如何去做管理，如何解决一些事务性的问题。我认为，在中国的企业里，要做好一个中层干部，首先是要做人，把人做好。如果人做不好，你本事再大，到最后可能都是以失败告终。如果人做好了，再加上一定的管理技能，就可能发挥得游刃有余。

我认为在一个企业里面，作为优秀的中层经理，最起码、最基本的要有三种具体的表现。

第一种，要得到上司的赏识。

如果说你本事很大，但是总经理不认可你，董事长不重用你，你有什么舞台呢？你没有舞台，一身的本事怎么发挥呢？你纵有屠龙之技，但是没有龙可以给你屠，那屠龙技有什么用呢？现在只有猪、只有羊给你杀，没有龙给你屠，还是白费。所以我觉得如何和上司搞好关系，让上司赏识你，这是任何一个中层经理不得不面对的问题，而且要慎重地对待。

第二，能处理好和其他中层干部之间的关系。

因为大家都是经理，你是经理，我也是经理，你是部长，我也是部长，你是主任，我也是主任，谁也不比谁大，谁也不比谁小。你说的话我为什么要听？我说的话你也可以不买账。中层经理之间的关系就显得非常的微妙。企业要发展、要竞争、要获取利润，就注定我们所有的中层经理之间必须要合作，不合作是不行的。搞生产的人不和销售的人合作，销售的人想把东西卖出去，生产的人不想把东西给他，那这个企业还能赚钱吗？

其他部门的人说，我们人才太匮乏，要引进人才，但是人力资源部就是不听，不合作，这个企业肯定要倒霉。企业的发展注定了所有的中层经理之间必须要合作，但是在合作的大前提下，背后隐藏了一种东西——竞争！到年底了，要发奖金了，奖金的总额就这么多，张经理拿多了，李经理就要少拿一点，刘部长拿多了，王部长就可能要少拿一点。或者说在所有的中层经理之间，我们要提拔一个副总，提拔了张三就不可能提拔李四，提拔了李四就不可能提拔王五，中间就存在竞争。有竞争的地方，就有一些莫名其妙的事情发生。如果你干得不好，本事不大，总经理会把你干掉；如果你干得太好，其他中层经理会联合起来，把你干掉，因为你挡住了我们大家的路。

第三点，真正赢得下属的推崇。

有句古诗叫“一将成名万骨枯”，也就是说你个人取得了英名，但是你的成就是靠老百姓，也就是你的下级，他们做出巨大的牺牲换来的。在我们现代企业里面确实也是这样，上级的绩效取决于下级的绩效，你的工作成绩是下面的人干出来的。假如你和上级的关系搞得很好，你和同事关系也不错，但是下面骂声一片，到最后你也不得善终。

中层经理为何而生

怎么会有中层经理？因为我们企业的董事长、总经理等高级管理人员没有时间、没有精力，或者说不适合直接从事某项工作了，然后委托某些人去做某些事。10个人的小企业，有没有中层干部？也可以这样问，10个人的小企业有没有什么合格的中层干部？没有严格意义上的中层干部。3个人、5个人、10个人，即使有中层干部，他发挥的作用也不是很大。只有等到企业做大了，总经理没时间去做了，也没有精力了，生产要管，销售要管，人力资源也要管，财务、采购、后勤保障统统要管，他怎么可能管得了呢？而且事实上企业做大了以后，他作为总经理不可能什么都懂。有一个什么都懂的老总，这个企业反而做不大。这是一个普遍的规律。通常我们会发现有一些看起来是外行的企业家，他的企业往往做得很大。为什么？有中层干部，有一些助手在做。

所以，当企业做大了以后，董事长、总经理没有时间、没有精力，或者不适合直接从事具体工作了，这就委托一些人去做这些事情。委托什么人呢？这些人就是我们说的经理，是中层干部。做什么事情呢？做管理。

中层管理者是做管理的，不仅仅是搞技术的。当然在我们的企业里面，尤其是中小企业，很多中层干部都是由基层提拔上来的，往往有一技之能。比如说某人本来是一个优秀的销售员，领导把他提拔起来做销售部经理；某人本来是一个非常棒的技术人员，后来提拔起来成为技术部的部长。提拔起来以后，角色要转换，你不能单搞销售或技术工作了，更多地要侧重做管理工作。

能不能给中层经理下一个定义呢？这个定义就是，在企业当中从事经营管理活动，以之为职业，以之谋生，然后将所有经营管理部门的成功、所在企业的成功视为自己人生成功的专职管理人员。

也就是通俗所讲的——职业经理人，把管理作为自己的职业来做。过去有句话叫三百六十行，有做豆腐的，有打铁的，有做小裁缝的，现在又出来一行了，叫专门做管理的。他什么也不会，只做管理，在这一家企业做管理，到另外一家企业去还做管理，这就是职业经理人。绝大多数的中层干部都是职业经理人，当然有一部分企业的总经理也是职业经理人。

既然高层管理者没有时间、没有精力，或者不能直接从事某些工作，只能委托职业经理人，也就是中层干部去做，这时候高层与中层是什么关系？委托。

什么是委托？按照字面上去解释，委托就是把事情托付给别人去办理。既然是委托了，我们就要思考一个问题——谁对谁负责？我请律师去打官司，付给律师代理费，这个案子就全部交给我的律师去处理了。你有问题去找我的律师，律师会对我负责的。也就是说既然我花钱了，请律师帮我打这个官司，律师就要对我负责，因为我是委托给他的。

在企业里面我是总经理，我委托你做生产部部长，谁对谁负责？肯定是你要对我负责，因为我是委托你的。同样，你是销售部经理，我委托你管理销售部，谁对谁负责？你对我负责。

看起来这个道理很简单，作为中层管理者，谁不明白呢？虽然道理很简单，但是在现实生活中，有些中层干部经常犯错误，经常会忘掉这层委托的关系，忘掉谁对谁负责的问题。

中层的三大难关

在职场当中，中层经理都要经历三大难关，即上司关、同僚关、下属关。每一道关卡都是一道坎，作为一个中层经理，哪个坎迈不过去，都可能对自己的职业生涯造成制约。如果有两个坎迈不过去，对中层经理来说，简直就是灭顶之灾。

（一）上司关

第一道难关就是上司关。如何得到领导的赏识，得到领导的认可，这是中层经理应该仔细研究、正确对待的一个问题。

1. 不要总是抱怨自己怀才不遇

在工作中我接触过一些中层经理，在和我交流的过程当中，他们就流露出一些情绪——在单位，论学历是本科、硕士或博士，论能力，论资格，论贡献大家有目共睹，但是老板有眼不识金镶玉，某些重要的事情就不让他们做，某些重要的机会就不给他们。他们觉得自己怀才不遇，感觉自己如贾谊一般才高八斗，但是不逢明主。其实，这不能一味地怪老板，更要想一想自己。

案例

刘备三顾茅庐，请诸葛亮出山。诸葛亮在刘备的充分信任下，施展自己的才华，最终成就一番事业。刘备这个人礼贤下士、求贤若渴。每个人都遇到刘备该多好，但是我们的老板不是刘备，问题是我们自己也不是诸葛亮呀！刘备第一次去见诸葛亮，诸葛亮说不见；第二次去见诸葛亮，诸葛亮还是不见；第三次再去，终于在了，但是还在懒洋洋地睡午觉。刘备就在那等，等得张飞都不耐烦了，但是刘备还是要等，到最后终于见到了。

其实如果在此之前，诸葛亮没有把自己的品牌做得足够大，没有把自己的才干向他的朋友、同学、老乡、老师进行展示，刘备可能三顾茅庐吗？绝对不会。回过头来想一想，这个事情好像是诸葛亮有意设了这么一个局，然后刘备就不知不觉地钻到这个局里面来了。

所以，假如现在的老板不赏识我们，那么自己是不是可以想出一些办法，让老板发现自己的才干，让老板赏识自己、信任自己，然后给自己机会呢?

因此，我们不要怨天尤人，一味怪老板，而应该怪自己。琢磨一下自己该发挥的时候有没有发挥，该表现的时候有没有表现，是不是表现得淋漓尽致，让老板相信你能够做事情，而且非常愿意把事情做好。这个问题对于每个一个中层经理来说都是非常现实的。

2. 想办法展现自己的才华

有的人说我这个人靠本事吃饭，不喜欢溜须拍马，不喜欢去讲好话。那是另一回事，而我们现在谈的话题是如何得到领导的认可。你在领导面前不表现自己的才干，领导怎么可能认可你？所以，第一道难关就是领导的认可。你要想办法展现自己的才干，让领导相信你愿意做事情，而且能够把事情做好。

在中国历史上，有很多“中层经理”和“老板”的关系处得非常好。比如诸葛亮跟他的“老板”，关系搞得不错；和珅和他的“老板”，关系处得也非常好。乾隆皇帝对和珅非常赏识，让他当首席军机大臣、侍卫大臣、文华殿大学士，万千宠爱皆于一身，还把自己的第十个女儿嫁给了他的儿子。和珅跟领导之间不仅仅是上下级的关系，而且是儿女亲家。这充分说明，和珅是得到领导赏识的，而且乾隆皇帝对他很信任，也是发自内心的。虽然和珅是一个贪官，他对领导又很忠诚。这在管理里面，也是值得研究的一个话题。

（二）同僚关

1. 中层经理间的合作关系

第二道难关就是同僚的支持。大家都是中层经理，你是生产部经理，他是销售部部长，这个人是办公室主任，那个人是财务处的处长，谁也不比谁大，谁也不比谁小。你可以不听我的，我也可以不听你的，因为大家是平行的，没有强制关系，所以就会出现三个“不”：不买账、不服气、不示弱。你有你的一块自留地，我有我的一亩三分田，你管你的销售，我做我的生产，互相不买账，这也是通病。

一个企业里，如果大家都互相不买账，这个企业就搞不好。一个企业要发展，取决于所有的中层经理之间是否能合作。销售部辛辛苦苦拿到订单回来，生产部因为对销售部有意见，不愿意把产品拿出来，这个企业还有利润吗？人力资源部找来一个老师给大家做培训，结果其他部门的人都不来，这个企业的培训效果会好吗？这个企业能和谐吗？企业要发展决定了所有的中层经理之间必须要合作。

2. 中层经理间的竞争关系

其实，所有的中层经理之间不仅仅是合作关系，还有利益关系、竞争关系。比如到年底要发奖金了，总额就这么多，张部长多拿了，李部长就要少拿一点；王部长多拿了，赵部长就要少拿一点。凭什么你拿得多，我拿得少，竞争关系就出来了。或者在所有的中层经理之间，企业要提拔一个副总，提拔了张三就不能提拔李四，提拔了王五就不能提拔赵六，凭什么你上去做副总，我上不去，竞争关系非常残酷。

3. 中层经理间关系不好导致的问题

有人常说：如果一个中层经理做不好，老板会把他干掉；如果一个中层经理做得太好，其他的中层经理可能会联合起来把他干掉。因为他太好了，就妨碍了其他人，于是别人就抱成一个团，把他视为公敌。

企业里有的中层经理确实跟老板关系处得不错，自身能力也强，但是不注意和其他中层经理保持和谐的协作关系，同事关系闹到最后很糟糕，在这样的情况下，老板就必须要做出一个抉择。那边是一个团队，而你是一个人，在这样的情况下，不出意外，老板肯定是让你离开。而当你离开的时候你还想不通——该离开的是别人，不应该是自己。到另外一家企业去上班，重复上演昨天的故事，到最后临退休了可能还想不明白，究竟错误犯在哪里。所以得到其他中层经理的支持也是一个很现实的问题，必须要解决。

（三）下属关

如何得到下级的拥戴和尊敬，也是一个问题。

1. 管理理念的改进

管理要与时俱进。过去做干部多容易，做干部就是管人，管人就意味着有权，有权就好使，就可以下命令。安排工作、检查事情，遇到不顺眼的拍桌子、发脾气、训人，当官谁都会。过去我们讲过一句话，在学校里，如果你不会教语文，不会教数学，那你就只能当校长了，当官还不会，那你就太傻了。

但是我们现在的企业里面，已经不再像过去计划经济那个年代傻子都能当官，而是要与时俱进。现在的年轻人在学校里面耳濡目染的都是西方的一些管理思想，追求民主、自由、个性化及自我价值的实现。这些人往往都有自己的价值观，都有自己的个性。在你的手下干活，你看他不顺眼就批评他。你认为好像理所当然，没有什么太大的问题，但是他受不了。你批评他两句，他心里马上就有感觉，此处不留爷，自有留爷处，抬腿就走人。有点本事、有点个性的人就因你这三言两语，一个个跑得光光，留下来的都是没有本事、没有个性的人，像苍蝇蚊子一样拍都拍不走。这样，你这个部门的活谁去干？你的企业怎么能走得更远？

2. 管理要以人为本

管理的方式要与时俱进，不能像过去那样管了，要讲究手段的优化，讲究以人为本。

针对员工个体，以人为本就是要尽可能让他舒服，使他尽可能愉快地做事情，这样做出来的结果才可能会更好一点。作为管理者，也要研究以人为本，一方面我们要实行制度管理、绩效管理、目标管理、数字化管理，同时我们要以人为本，把对方看作一个立体的发展的人，在管理员工以实现企业目标的同时，要兼顾员工的个体的发展，员工个人价值的实现。

中层的两大"罪过"

中层经理在企业的实际操作过程当中，通常会有两大罪过，第一个罪过就是群众领袖、民意代表，第二个罪过则是一方诸侯、小国之君。

（一）群众领袖、民意代表

1. 员工的代言人

有的人做了中层经理以后，手下有一帮人对自己很尊敬，对自己很拥戴。一有什么风吹草动，都来向自己汇报，一有什么事情都来向自己请示，唯马首是瞻、时时刻刻表忠心。中层经理就找到了一种成就感，觉得手下的弟兄对自己好，士为知己者用，弟兄们对我如此的好，我当然要对得起弟兄们。

弟兄们跑过来讲："主任，我们一个星期工作5天，是不是太辛苦了，能不能一个星期工作 4 天，薪水再翻一番。”“OK，既然弟兄们有这个想法，我当然要考虑这个事情，给我一段时间来跟老板谈。谈判结果是一回事，但是弟兄们的想法我一定会反映的。”

弟兄们又跑过来说：“主任，我们长年累月地在这个地方干活，是不是太郁闷了，能不能春天到新马泰，秋天到欧洲逛一下，夏天到海南岛去洗澡，冬天到哈尔滨去滑雪。”“OK，弟兄们有想法，我一定努力为你们实现，大家都那么有感情了，又那么熟悉，我不给你们帮忙，给谁帮忙？你们是我的弟兄，这个事情无论如何我要去跟老板谈，哪怕被老板骂，我也一定要谈。弟兄们记住，我是为弟兄们去谈的，不是为我自己。”在这个时刻，中层经理也就成为群众领袖、民意代表，成为“弟兄们”的代言人了。

2. 你对谁负责

群众领袖是大家选举出来的，民意代表是大家推举出来的，而企业的中层经理归根到底是总经理任命的，所以你要搞清楚你的屁股坐在哪一条板凳上。虽然手下有一帮弟兄向你汇报工作，但是你不能对他们负责，相反你要对董事长、总经理负责。中层经理的出现是因为高层领导没有时间、没有精力或自己不适合从事某项工作，然后委托你来管理这个部门的。既然是委托，被委托人就要对委托人负责。所以你就只能对你的总经理负责，而不是对你的“弟兄们”负责。

（二）一方诸侯、小国之君

有的中层经理确实对企业的贡献很大，原来可能没有这个部门，自己来了以后扯起一杆大旗，终于使这个部门开张了，部门里面的员工都是自己手把手地教会的，部门里面所有的操作流程都是自己制定出来的。部门逐步做大后，自己就有一种成就感、自豪感，感觉到自己太厉害，感觉到自己不可替代。

1. 没有谁不可替代

在一个企业里面，当一个中层经理感觉到自己很重要，感觉到自己很厉害，感觉到自己不可替代的时候，往往就到了被替代的时候。历史上有太多太多这样的教训，当一个人觉得过去有功劳，功劳巨大，它就是一把双刃剑。功劳巨大的人，有的功成身退，而有的因为功大欺主，到最后下场非常的凄惨。“过河拆桥”“卸磨杀驴”“兔死狗烹”“飞鸟尽，良弓藏”，都是讲老板忘恩负义的。发生这样的悲剧，不要一味地怪老板，自己也要想一想。有的人凭着自己的巨大贡献，就自以为是、飞扬跋扈，不知道自己是谁，在这种情况下，老板就会痛下杀手把你替换掉。

2. 不要居功自傲

作为中层经理一定要明白，功劳再大，也千万不能成为一方诸侯或小国之君。你那个一亩三分地不是你的自留地，不能想种黄瓜就种黄瓜，想种韭菜就种韭菜。你那个一亩三分地只不过是领导委托你去耕种的，哪一天老板不乐意了，他就会委托其他人来种，你就得让位。

中层的一大软肋

软肋就是一个人身上最软弱的那个部位，这个最软弱的部位遭受攻击以后，可能立即丧命。

中层经理最常见的软肋就是推卸责任，或者说找借口推卸责任。在企业的组织结构中，高层领导、中层经理和基层员工三个阶层中，最容易推卸责任或更有机会推卸责任的往往是中层经理。

高层领导、董事长、总经理没有那么多的借口可供推卸责任。他是公司的总经理，企业做得不好，不能说因为金融危机所以我的企业就搞不下去了，那为什么其他企业还活着呢，这能说明什么问题？因为下面的中层经理不听话，总经理搞不下去了，那中层经理是谁任命的，不听话是谁的责任呢？还是你的责任！所以，企业搞得不好，千错万错都是总经理的错，总经理没有办法把责任推给其他人。一个企业搞得不好，中层经理可以跳槽，总经理只能跳楼。你没有其他选择，你找不到机会去推卸责任。

基层员工推卸责任的机会也不多，因为基层员工做的事情相对单一，就那么几个规定动作，各方面的条件、各方面的因素相对来说比较苛刻，他想推卸责任的机会也不是很多。而中层经理推卸责任的机会就很多。他上面有领导，下面有员工，旁边还有同僚，企业外部可能还有供应商、客户，所以他推卸责任的机会就非常多。

企业的中层经理推卸责任的方式包括：

（一）平行推卸责任

平行推卸责任就是往同事身上推。

案例

总经理召集所有的中层经理在一起开会，总经理说："财务部经理，你给我一个理由，为什么财务部这个月的工作又没有达标？"

财务部经理就站起来说："总经理，向您汇报一下，我们财务部这个月确实没有达标，是因为我们的财务软件没有升级，导致我们的财务数据丢失了。两个星期之前，我跟公司 IT 部门赵经理讲了，叫他派两个电脑工程师来，把财务软件升级。而两个星期过去了，IT 部门连个鬼都没来，只能眼睁睁地看着财务数据丢失，所以我们的工作没有达标。"

IT 部经理听完了这话，肯定有话要讲："总经理，我向您汇报一下咱们 IT 部门的事情。IT 部门总共有 5 个人，这个月完成了 8 件大事，5 个人完成 8 件大事，比登天还难，但是我们终于在这个月把天登了。刚才财务部经理说我们IT部没有派两个电脑工程师帮他的电脑升级软件。我怎么可能再有人帮财务部升级电脑软件？而关于人手不够的情况，早在一个月之前，我就跟人力资源部经理讲了，叫他一定要帮我招三个电脑工程师进来，而一个月过去了，连个鬼都没到岗，你说我这个IT部门工作还怎么干？”

这时候人力资源部经理肯定有话要讲：“总经理，我们人力资源部总共只有6个人，这个月完成了60件事。6个人完成60件事，不亚于打赢第二次世界大战，但是我们终于打赢了。刚才IT部门经理说我没有帮他招到人，说话要凭良心。IT部经理，我这个月帮你招了20个人进来，你一个都看不上，这能怪我吗？”

什么叫扯皮？这就是扯皮。在一个单位里面，总经理本来是高举大棒，想追究责任的，看谁是罪魁祸首，但是到最后也没找着，只能把大棒狠狠地往自己头上敲两下，自认倒霉。在很多企业里面，经常会上演这样的故事，互相推磨。

案例

有个单位的总经理在外面出差，突然接到一个很重要的客户打来的电话：“赵总，你这个公司还能不能干，本来合同签的是10号付货，今天都15号了，你们公司的货还没到。你这个公司真的很糟糕。”总经理听到客户这样指名道姓地骂，很窝火，但是也没办法，因为合同就是这么写的，他自己理亏。

总经理窝着一肚子的火回到公司，把所有的部门经理召集在一起：“生产部经理，怎么回事？合同定得非常清楚，10号要交货，今天都15号了，你为什么还没有把货给人家？”

生产部经理一听，表现得非常淡定从容：“总经理，不是我们生产部的问题，而是那个采购部，采购部买原料就拖了10天，我们紧赶慢赶，赶到今天已经不错了。”

总经理一听很生气：“采购部经理，怎么回事，怎么采购原料会拖10天？”

采购部经理一听，同样是淡定从容：“总经理，不是我们采购部，而是财务部。你想跟人家买原料要给钱，合同早就定了，人家都想发货了，结果我们的财务部迟迟不给人家打款，拖了20天才给人家钱，你说人家会把原料发过来吗？”

总经理一听更生气：“财务部，怎么回事？”

财务部经理一听，同样是淡定从容：“总经理，不是我们财务部太差，而是账上没钱，销售部东西都卖出去半年了，货款还没有收回来。”

总经理一听："销售部，怎么回事，怎么可以这样呢？"

销售部一听："总经理，这个事情你最清楚，答应给人家 10 号付货的，15 号都没有给人家，还怪钱回来得迟吗？"

问题从终点又回到了起点，这就叫推磨。在企业里面中层经理平行推卸责任的机会太多太多。因为在企业里面，中层经理不是独立的，它不可能不跟其他部门发生关系而独立地来操作一件事情，只要和其他部门有关联，就会产生推卸责任的机会，这叫平行地推卸责任。

（二）向下推卸责任

部门里面出了问题，总经理把部门经理找过来："王经理，怎么回事，你的部门这个事情又没有做好？""总经理，你看看我手下那帮人，上班迟到，下班早退，素质极差，水平极低，这帮人怎么可能把事情做好。"总经理一听明白了，你的部门事情没做好，不是你的错，而是你手下那帮人的错。这在年轻的中层经理身上表现得可能多一点。

问题是，你作为部门的负责人，现在你这个部门的事情没做好，老板问你了，你说是手下那帮人的错，那么，你是干吗的？你下面的人事情没做好，你太有责任了。管教无方，引导不利，计划做得不够，前瞻性缺乏，这都是你的责任。你怎么可以在领导面前说手下那帮人太糟糕。

向下推卸责任也不是不可以的。你的部门出现状况，老板把你骂得狗血喷头，你仍然在那儿听，而且态度很好："总经理，这是我的错，这是我的责任。”被骂完了以后，回到自己的办公室，把下面闯祸的人叫过来，再把他骂个狗血喷头。他也只能在那儿很老实地听完，然后回到自己更小的办公室，把最小的叫过来，再骂个狗血喷头，一层一层骂下去，这就骂对了。企业就是这样一种骂法，而绝对不可以讲：“总经理，你不要骂我了，我把这个人抓过来，你自己骂他就可以了。”企业不是这种做法。

（三）向上推卸责任

这个有一点胆大包天。总经理问：“王经理，这个事情为什么没做好？”“总经理，我早就跟你讲过，这个事情要这样做。你偏不听，不听老人言，吃亏在眼前，看你以后还听不听。”高层领导在组织外部资源的时候，或者在制定某些方向策略、具体方案的时候，肯定会有出入，但是千万不可以把领导的某些过错当作自己事情做得不好的唯一借口。领导也是人，如果你跟领导讲“不听老人言，吃亏在眼前”，无异于自掘坟墓。也许他眼前可能拿你没什么办法，但是秋后算账恐怕还是有的。

（四）系统外推卸责任

与其在系统内得罪人，不如到系统外去，找人来做替罪羊叫向外推卸责任。比如金融危机来了，他就说：“你看看这个杀千刀的金融危机，导致我们事情做不成。”给老板感觉我们这个部门事情做得不好，是金融危机给闹的。我们大家很努力、很尽心，所以我们的奖金工资还是要一分不少地拿，因为我们努力了，是金融危机导致这个事情没做成。

还有的人做事情做得不好，把责任归于老天，这也叫向外推卸责任。叫他到新加坡去做市场调研，结果在新加坡花光了300万人民币，三个月啥事也没干成。回来，总经理问："赵经理，你在新加坡干了三个月，花掉我300万人民币，给我一个理由，让我有理由相信这个300万花得值。"赵经理就讲："老板，新加坡那个鬼地方，你去过没有？弹丸之地，山不青、水不秀、鸟不语、花不香，在那儿什么都卖不出去，什么事情都干不成，所以尽管我们在那边花掉了300万人民币，但是我仍感觉非常值。因为我得出一个结论，就是新加坡不能去。"这叫归罪于外，向外推卸责任。

以上这些是在企业里面中层经理推卸责任的几种方式。我们现在讲执行力，执行力有一个概念叫"没有任何借口"。既然没有任何借口，我们就不要推卸责任。如果要把所有的事情总结为做得好与不好，那么从两个维度去思考：第一个维度是客观原因，第二个维度是主观原因。比如说天气太冷、太热，金融危机，市场变化……这些都是客观原因。中层经理事情做得不好，千万不能因为客观原因的存在，而拒绝承担主观上的责任。

中层经理的三大内伤

中层干部存在几种心理痼疾，而这几种痼疾确实不是一时半刻就能解决好的。

（一）第一个内伤：心态浮躁、借口太多、凡事不责己而归罪于外

心态浮躁，总是这山看着那山高，动不动就是此处不留爷，自有留爷处，沉不下心来，受不得半点委屈，稍微有一点不平衡就发作。

我有一个朋友，他是企业的老板，他说过一句话，坚决不用刚刚毕业的大学生。为什么不用刚刚毕业的大学生？一，现在的大学生刚毕业就期望找个好工作，至少得是坐办公室的。可是，实话实说，你刚从学校毕业，什么都不懂，什么也不会做，怎么就敢开价 3000、5000 元？刚毕业的学生个个说话头头是道，人也长得蛮机灵的，但就是不会做事。他曾让刚进公司的大学生去买箱复印纸，结果给搬回来的是 25 元一包的，他还好像很有功劳，觉得搬东西辛苦，累得要命，想早点回家，下午找个理由就溜了。老板是一肚子气，买个复印纸用得着你去搬吗？打个电话人家送上门来，而且只要 16 元一包，可他偏偏要去电脑城买。他还打出租车过去，然后找老板报销，老板还要付他一天 100 元的工资。算到最后一箱纸的成本得 300 元。

不用刚毕业的大学生的第二个理由是心理不稳定。有几次招来了大学生，刚来一两个星期，上了几天班，人却不见了，问谁都不知道，原来他们找到别的工作，走了。你要走就走吧，老板还不是客客气气地请你吃一顿饭，祝贺你一下，工资给你。但不通告一声就走，吓老板一大跳，因为他是在公司工作，人突然不见了，老板总得有个交代的。后来老板明白了，人不见了肯定是到别的公司去了，也习惯了。

这山望着那山高，不愿踏实做事。新人往往是来了两三个月后，老板想让他们担任某个重要岗位锻炼一下时，他们就跑过来对老板说，干这个岗位可以，但是现在要交女朋友，要买房，要买手提电脑，要穿名牌西装……老板就问，你是不是要求加工资？这时他好像很不好意思地说，不是他想加，是社会逼得他想加。

一天到晚都在公司里叫嚷外面多么好，他的某个朋友一个月拿多少万，好像自己受了八辈子的不公平待遇。他说这个人不好，那个人坏，除了泡公司前台小姐和文员外，什么也不干。还有的中午喝酒是英雄，喝得脸红红的回来，在办公室里撒酒疯。

刚毕业的大学生工作时间煲电话粥。他们电话打个不停，天天打长途电话，一个电话可以打一个小时，结果业务电话进不来。这个朋友在招了三个大学生后，有一个月电话费涨了7000多元。

刚毕业的大学生好高骛远，不切实际。一没事就跑来对老板说，他们觉得公司应该怎么做，举的是世界五百强的例子，全是让老板搞个上千万元的投资。老板知道他们的想法是好的，但公司资金有问题。书上的东西是好，可得从实际出发。老板说以后再试试，他们就生气了，觉得不按他们的想法去做，公司迟早得倒。刚毕业的大学生稍微批评一下就一跳八丈高，动不动指点江山，激扬文字：我们公司应该如何如何，俨然一个救世主。你才吃了几斤稻子？

这个朋友的话可能偏颇一点，但是确实也从侧面反映了一个现实——浮躁。

另外，找借口也是相当一部分中层管理者的通病。

爱找借口是人性的一个弱点，每个人出了娘胎，就带有这种基因，出了问题总喜欢找个借口，给自己一个台阶，为自己找回一点面子。感冒了，“这个天气变化无常，太容易让人感冒了”。好像你感冒不是你身体的问题，是天的错，这就是找借口。

在我们企业里，中层干部找借口有几种找法，一种是平行推卸责任，往旁边推。

总经理问销售部张经理：“张经理，为什么销售做不上去？”

“总经理，没有广告，销售怎么能做得上去？”

总经理一听没有广告，火冒三丈，去找广告部：“广告部，为什么没有广告？”

“总经理，没有钱怎么做广告？”

总经理一听又是火冒三丈，怎么会没有钱了呢？去找财务部。

“财务部，我们当初的预算不是有广告费的，为什么不给钱做广告？”

财务部一听：“总经理，钱都给采购部用光了。”

采购部用光了！总经理一听更是火冒三丈，去找采购部。

“采购部，你们为什么把钱都用光了？”

“总经理，您不知道，俄罗斯的一个矿山爆炸了，原材料涨价了，所以把钱都用光了。”

总经理一听，气得眉毛胡子一起竖起来，但不知道该找谁算账。

而所有的中层经理都很宽慰，我们大家都很努力，都很勤奋，只怪那个俄罗斯的矿山，该死的矿山不爆炸多好。

这是平行找借口，还有向下找借口。

总经理问张经理，“张经理，为什么销售做不上去？”

“总经理，您看看我手下那帮人，上班迟到，下班早退，素质如此之差。就这帮人，能把销售做上去才怪呢。”

总经理一听，原来销售做不上去不是你的错，是你下面那帮人的错。

在这里我要强调，作为优秀的中层干部，任何时候，在领导面前不可以把责任推到下面的员工头上去。下面的员工有错，那也是你这个经理造成的错。

在总经理面前，把你骂得狗血喷头，你纵有一千个伤心的理由，也只好把它留给自己。

“对，总经理，这是我的错。”回到自己的办公室，你把下面负责的员工叫过来，狠狠地骂他个狗血喷头，“就是你，让我在总经理面前没有面子。”

这个人再回到更小的办公室，把他手下的员工叫过来，再骂个狗血喷头，一层一级骂下去，这就是企业的伦理。

所以说你不可以把什么责任都推到下级头上去。

还有一种向上找借口。

把责任推到总经理头上去。总经理问："张部长，为什么销售做不上去？"

"总经理，我早就跟您讲过，那件事情要这样做，您偏不听。您看看，不听老人言，吃亏在眼前，做不上去了吧？"

最安全的借口是到外面找，把责任往外推。

张三负责青岛市场。"张三，青岛市场的销售怎么做不上去？"

张三一听，"总经理，青岛那个鬼地方您去过没有？山不青、水不秀，鸟不语、花不香，什么狗屎都卖不出去的！不相信，您自己去卖卖看！"

事实上，青岛是一个很美丽的地方，但是由于他想推卸责任，为找借口，白的可以说成黑的。

心态浮躁、找借口搪塞问题，这类现象哪个企业都有，只不过程度不同而已。

（二）第二个内伤：学习力不足、危机感淡薄

实事求是地讲，在中国的很多企业中，领导，尤其是民营企业的董事长、总经理，危机感是很强的，他们自我学习的愿望非常强烈，他们求知若渴的态度会让你很感动。但是中层干部的学习力有多强呢？

我到有些企业去讲课，甚至会出现这样的情况。总经理说：今天下午薛老师来讲课，大家都来听，谁不来罚款 50 元。用这种方式在后面

用鞭子抽，赶着中层干部听课。

这就有问题了。确切地讲应该分为两个方面，第一，总经理没有很好地引导大家，没有制造一个良好的学习氛围；第二，中层干部本身有问题。

中层经理可能在想，我反正不愁没饭吃，这家企业倒了，到另外一家企业去，无所谓。没有危机感导致他们学习的愿望很淡薄。

目前流行一种现象，令总经理很郁闷："跟我的中层干部怎么很难沟通呢？我跟他说话，他怎么听不懂呢？也不知道他们在想什么，感觉和中层干部的距离在一天天拉大……"

为什么和中层干部的距离在拉大？因为学习的愿望不一样，动力不一样，行为表现不一样。

总经理每天在学习，在思考，在摸索，而中层干部不学习，不思考，不摸索，所以二者间距离越来越大。

我们打个爬楼的比方，爬 100 层楼，总经理已经爬到第 100 层楼了，而我们的中层干部，某种意义上讲，有的时候还在 2 楼、还在 3 楼。你说爬到第 100 层楼的人和爬到 2 楼、3 楼的人对话，能不能很好地沟通？沟通不起来！

说在 2 楼、3 楼算好的，有的人还在外面的停车场，还在地下车库呢！

这个可怜的总经理，独上高楼，望尽天涯路，蓦然回首，中层干部在何处？找不到人了，怎么队伍里一个人都没有了？

可见问题已经相当严重了。

（三）第三个内伤：缺乏老板意识，总感觉在为别人做事

我既是一个培训师，也是企业的老板，我就清楚什么叫老板意识。

在公司里，如果没有什么外出任务，我肯定是最后一个离开，而且离开的时候，会看一下门窗是否关好，文件是不是已经归类。出去请客，200 元能解决的问题，我绝对不会掏 300 元，这就是老板意识。

而我们有的人，有的中层干部，5 点钟下班，可 5 点还没到，就兔子一样跑得光光，管你什么门窗，管你什么文件。请客，200 元解决问题，管你呢，照 300、500 地花吧，不花白不花，花了也白花。这就是非老板意识。

我们生活中有一些人不怎么讨人喜欢，因为他们不把别人的事情当成自己的事情做，也不把别人的钱当成自己的钱花。在这里我讲了，你如果能把公司的钱当成自己的钱来花，把公司的事情当成自己的事情来做，那你永远不必担心下岗失业。你具备老板意识，某种意义上讲，你在哪个企业都会受到重用，在哪个企业都会得到领导的赏识。

有的人可能有一种想法，我拿多少钱做多少事。如果你有这种想法，钱会越拿越少。反过来，如果你想的是我做多少事，拿多少钱，你的钱会越拿越多。

就这么简单，这是两种思维。

领导不催不问，下级不来报告不查，能不做就不做，能拖就拖，能躲就躲，能糊弄就糊弄，这些都是缺乏老板意识的表现。其实，勤奋非身外之物，你的才干不是省下来的，而是做出来的。

要用心去做，而不仅仅是尽力去做。用心和尽力是不一样的。

什么叫用心，什么叫尽力？我打个比方。有一个妇女在家里带小孩，这个小孩大概四五岁，是个小男孩，顽皮得很。这个妇女经常拎着个篮子到菜市场去买菜。有一天她从菜市场回来，刚踏进院子，远远一看，不得了，自己的儿子从屋里爬到阳台上去玩。而那个阳台有三四层楼高，孩子爬到阳台的栏杆上非常危险。

这个母亲很焦急，在下面跟儿子喊："不要爬，不要爬！赶快下去，赶快下去！"

谁知道儿子往下面一看，见妈妈在向他招手，很兴奋，以为叫他跳下去，他就松手往下跳。就在一瞬间，母亲把篮子扔掉，从原地冲到阳台正下方，就在小孩掉下来的一刹那，把小孩接住了。小孩安然无恙。

这件事情惊动了当地电视台。媒体评论说，这是母爱的力量，激发了你的潜能，现场模拟一下，我们把它拍下来，拍下来好去传播。媒体要求母亲还原救人时的动作，他们从上面扔一个枕头下来，母亲把枕头接住就行了。

谁知道模拟了十次八次，母亲一次都接不住枕头。为什么她接不住那个枕头？

接枕头只要尽力而为就行了，没有什么危险的。假如把她的儿子扔下来，母亲能不能接住？肯定能接住，因为她必须用心去做，做到万无一失。

这就是用心，这就是老板意识。我们提倡把工作当成自己的小孩来看待。

有的中层经理可能心里不平衡：凭什么他是老板，而我不是？他赚了那么多钱，而我才挣一点微薄的薪水？

这类人在想：作为初入江湖者，在社会上混饭吃，我们不但有名牌大学的招牌，还有一身的体力，为公司做贡献、献青春，在老板付薪水的同时，我们收获物质和精神上的洗礼。从普通业务人员、部门主管、经理、总经理助理一杆杆向上艰难地爬着，我们付出很多，得到最多的是众人仰视的目光，还有一颗饱受沧桑的心！凭什么，老板只靠大大的脑壳、肥肥的肚子，就可以榨取我们的血汗？我们起早贪黑，风餐露宿，到头来得到的还是老板的斥责！我不甘，我不认输！凭我的知识、能力，运作个两三百万的公司，小菜一碟！

作为职业经理人，尤其是部门经理，大多有着这样的牢骚。也有很多人付诸行动，其中，有的人成功了，成为老板，有的人铩羽而归，有的人则如黄鹤一去……我曾有疑问，是什么让职业经理人失败的呢？实力？关系？管理能力？销售能力？不是，都不是。想了很久，只有一个原因让我信服，那就是：老板善于花自己的钱，经理人善于花老板的钱！

我也一直在思考这样一个问题：为什么有些人各方面能力很强，完全有实力做老板，却乐此不疲地做职业经理人；有些人看起来非常一般，却做着老板。我分析可能存在两个原因：适不适合和喜不喜欢。

我认识一位经理，她对市场、对管理非常有思想。有一次，我好奇地问她：为什么不来自己做？她的回答让我惊奇。她说她从来没有想过要自己做，感觉做个职业经理人很好。在我的印象中，她是个真正的职业经理人，非常敬业，而且很为老板考虑，节约每一分钱的资金，以取得效益的最大化。

我接着问她，为什么不想自己做老板，开创自己的事业？她说可能自己就是这个命了，现在在这个规范化的公司的平台上，做得很是得心应手，也很开心。如果真的要做什么，她的心愿是开一个民族风情的小店，卖各种各样的民族饰品，比如云南的、西藏的、新疆的。

她是个真正懂得生活的人，想必对职业的理解也有她独特的视角吧。

至于剥削、压榨之类的字眼，我认为这些都是历史名词。市场经济有它自己的游戏规则，谁的投入大、风险大，谁的回报就高、收益就大。如果企业倒闭了，中层干部可以拍拍屁股走人，而老板必须承受灭顶之灾。只看到强盗吃肉，看不到强盗被打，这是视角有问题。

某种意义上讲，经理人的能力是可以复制的，而老板的能力是无法复制的。实实在在地做事，跟老板学一点东西，这可能更现实。

表 1-1　中层经理如何定位自检表

在企业里，你是否清楚自己的定位？	○是	○否
你是否经常把下属的工作都做了？	○是	○否
你的企业里是否有层级错位？	○是	○否
你是否知道中层经理是怎么产生的，或者说怎么来的？	○是	○否
你知道什么是中层经理吗？	○是	○否
你知道中层经理都要闯哪三大难关吗？	○是	○否
在企业里，你经常觉得怀才不遇吗？	○是	○否
你是否想尽办法在老板或在他人面前展现你的才华？	○是	○否
你的企业里，同事之间是不是互相不买账？	○是	○否
你是否被其他同事视为公敌？	○是	○否
你是否遇到不顺心的事就拍桌子、发脾气、训人？	○是	○否
你的部门里人员流失率是否很高？	○是	○否
你在跟部下沟通的时候，是否想过尽可能用一些让他舒服的手段、方式，让他能够接受你的想法？	○是	○否
你是否经常成为员工的代言人？	○是	○否
你知不知道你该对谁负责？	○是	○否
你是否觉得自己很了不起，在企业里不可替代？	○是	○否
你是否经常向上推卸责任？	○是	○否
出现问题时，你向同事推卸责任叫？	○是	○否
你向外或向下属推卸责任吗？	○是	○否

CHAPTER 2

第二章

中层经理如何得到领导的认可

中层经理与领导相处的首要原则是无条件执行，或者说，领导永远是对的。

坚决执行，领导都是对的

领导作为一个个体，作为一个独立的人，肯定会经常犯错误，这是不可避免的。他既然也是一个人，怎么可能都是对的呢？这确实是很哲学的一个问题。在职场里面，当他作为领导的身份出现的时候，你要假设他永远是对的，我们强调“坚决执行”。

（一）像军队一样地执行

1. 最有执行力的组织

现在世界上，最有执行力的组织是军队，很多企业都在向军队学管理，要求员工像军人一样去完成任务。德鲁克讲过：“世界 CEO 上最伟大的、最好的商学院，在西点军校。”世界上最伟大的 CEO 杰克·韦尔奇也说过最好的商学院在“西点”。无独有偶，在中国大陆做得最好的、排名前四位的企业家都是军人出身，联想的柳传志、万科的王石、海尔的张瑞敏、华为的任正非，这四位企业领袖都是军人出身。

2. 企业应向军队学什么

那么，军队和企业有哪些相似的地方？我们企业应该向军队学哪些东西？首要的就是学军队的执行力，绝对地服从，坚决地执行。军队为什么能够坚决地服从，绝对地执行，那是因为军队有个强制性的东西。除了强制性之外，还有军队的一些文化在后面做支撑。

看招！
师傅说得不会错，
她是美眉！

案例

假设现在有一个新兵罗伯特，他拎着个皮箱到西点军校报到。刚进校门，迎面走来一个老兵，这个老兵手臂上带了一个袖章，老兵就截住新兵：“站住，是新来的吗？”“是新来的。”“叫什么名字？”“罗伯特。”“我叫史密斯，是老兵，今天是值日长，你必须听我的。”新兵罗伯特一听，“好，听老兵的。”老兵下口令了：“立正，把皮箱放下。”皮箱放下了。“再把皮箱提起来。”“立正，把皮箱放下。”新兵罗伯特扑通又把皮箱放下。立正，把皮箱放下，就这么一个动作，搞个二十次，好好的皮箱就这样摔坏了，然后老兵下指令：“捧起你的皮箱，回到你的宿舍。”新兵罗布特捧起那个摔坏的皮箱，边走边想，真是见鬼了，遇到一个神经病，好好的皮箱就摔坏了。他记住有一个老兵叫史密斯。

说来也巧，到第二天，他们在学校的走廊上又碰上了，老兵史密斯拦住新兵罗佰特：“罗伯特，立正。皮鞋为什么不亮？”新兵罗伯特赶快看一下皮鞋：“没有啊，挺亮的。”他心里想我做得很好，很亮。老兵史密斯就讲了：“回答不规范，操场上做50个俯卧撑。”据说在西点军校回答长官、老兵的提问，只有三种方式：“是，长官。”“不是，长官。”“我不清楚，长官。”不会出现“没有”“挺亮的”，那些都属于回答不规范。于是老兵下指令让他到操场上去做50个俯卧撑。新兵罗伯特一边往操场上走，心里又在想，见鬼了，又遇上这个神经病，但是50个俯卧撑好歹还是做了。终于做完后，他爬了起来，谁知道老兵史密斯又讲了：“脸色很难看，心里不乐意，再做50个。”这一下受不了了，再做50个就艰难了。新兵罗伯特一边做一边想，哪一天老子上了战场，第一枪不打敌人，就打你。但是没办法，这时候你是老兵，我要听你的。

过了几天，在操场上又碰上了，老兵史密斯叫住新兵罗伯特：“罗伯特，风纪扣为什么没扣好？”新兵罗伯特看到史密斯，有点不知所措，赶快摸一下风纪扣：“没有，挺好的。”坏了，又回答不规范，操场上跑50圈。

老兵欺压新兵的现象在哪里的军队都有，古今中外都有，这固然有它的负面作用，但是不容否认，正是由于老兵这样欺压新兵，才把新兵挤压成型，让每一个到这个队伍里面的成员，都明白对方只要年龄比你长，资格比你老，只要是你的长官，你都必须坚决地服从，绝对地执行，没有任何借口。军队的执行力就是这样养成的。

现实生活当中，很多企业都愿意招收退伍的军人、转业的军人充实到自己的员工队伍里面来。凡是当过兵的到企业来以后，跟领导拍桌子的概率是极低的，因为这些人当过兵，他到企业来以后，即使领导对他不公正，故意刁难他，这些老兵也脸不改色、心不跳，绝对是淡定从容，坚决地执行。他心里在想："咱在部队里面不知道受过多少委屈，什么大风大浪没见过，这样一个小儿科的东西，咱也在乎吗？不会在乎的。"

相反，刚刚毕业的年轻的大学生，到企业里面来，遇到不顺心的事情跟领导拍桌子或冷言冷语，这样的现象经常发生，但是军人就很少发生。就是因为在军队这个团队里面，养成了一种好的习惯，就是坚决地执行、绝对地服从。我们企业在完成任务的时候，也要有这样的执行力，向军队学管理，要坚决地服从、绝对地执行。

（二）合理的坚持，充分的沟通

当领导的意见和你的意见不一致的时候，领导叫你向东，你一听向东是万丈深渊，死路一条，这个时候你固然要执行、要服从，但是你又不能不讲话。如果你去执行，你可能有点想不通。这个时候第一是执行，第二是沟通。

首先要表态坚决执行，但是不可以放弃沟通。领导叫我向东，我就向东，死路一条我也不管，那是愚忠，那不是我们所希望的，而是要沟通。跟领导沟通的时候要注意，沟通的方式比内容更重要，所以我们倡导合理的坚持、充分的沟通。既然我们决定要向东，不妨再来讨论一下，向东可能会带来什么结果，向西会产生什么利弊。只要这个领导不是那种故步自封、刚愎自用的人，他自己就会明白，而不是由你来指出他错在哪里。由下属指出他错在哪里的方式是领导绝对不愿意接受的。

（三）不要伤害领导的自尊心

跟领导沟通的时候，不要伤害领导的自尊心、自信心。领导也是人，你伤害到一个人的自尊心，这个人往往就会失去理性，而领导失去理性是非常可怕的一件事，因为领导每天都在做决策。你不断地伤害他的自信心，说他这不行，那不对，他这个不擅长，那个不精通，不断地打击他的自信心，他再做决策，成功的概率会有几成？所以做下属的一定要明白，你和领导沟通，不要伤害他的自尊心，不要影响他的自信心。

（四）即使领导错了，也不指望领导道歉

即使被领导批评了，那么你的态度也要谦虚，还是觉得领导都是对的，要用这样的心态来对待领导的批评。

1. 批评的学问

领导的批评很有学问，对寄予希望的人，多批评他、打造他。如果觉得另外一个人没出息，对他也没有什么指望，可以少一点批评。所以常用者多批评、短用者多表扬。在企业里面，老被骂的人通常都是老板身边的人，他的亲戚、朋友、家人，而对于外面请进来的中层经理，老板对他反而是彬彬有礼、不太要脸色。这就告诉我们一个信号，如果你

经常被老板骂，说不定老板对你是有指望的，如果你老不被领导骂，说明你还没有进入他的关注范围，这就是问题了。

比如员工李四的合同明天就到期了，老板对他看不顺眼，今天李四又犯了一个天大的错误，那么老板要不要骂他？不用骂，最多讲一句话："李四，你犯错误都很有创意。"完了，到第二天像送瘟神一样把他送走，这就叫"常用者多批评，短用者多表扬"。所以，经常被领导骂是好事。当然，也千万不要想：这个星期我还没被老板骂过，啥原因呢。那就不对了。

2. 遇到假骂怎么办

领导批评你，可能有真骂和假骂之分。假骂含沙射影、指桑骂槐，这种事情是经常发生的。你是一个办公室主任，你去提醒总经理明天有个会议要让他参加。你去敲门，把总经理办公室的门推开一看，总经理和公司的一个副总正在谈事情。你提醒总经理，明天9点有个重要的会议，在香格里拉，请务必参加。总经理一听，桌子一拍："你这个混账东西，你整天讲鸡毛蒜皮的事情。要你来提醒我吗？你不会去关心一下我们公司的利润还有多少，我们公司的客户都跑到哪里去了，我们的竞争对手现在在做什么动作吗？"总经理劈头盖脸把你骂一通，骂得你莫名其妙。但是领导都是对的，你只能在那儿听。好不容易等到领导骂完，你走出总经理办公室的门，心里很难过，总不讲理的人叫总经理，动不动就骂人。

但是你仔细想想，总经理骂你的那些话是什么意思。你作为办公室主任，你能管公司的利润有多少吗？你管得着公司的客户又有什么动作，公司的竞争对手又在干什么吗？为什么总经理劈头盖脸骂你一通？想一下你就明白了，总经理最近正在为这些事情闹心，而你进去的时候，总经理和那个副总正在谈话，而那个副总可能就是管销售的、管市场的，但是他可能年龄比较大、资格比较老、地位也比较高，在公司里面没有任何人可以骂他，所以总经理心里就很着急。正在总经理痛苦万分的时候，你推门进来了。好，我不能骂他，我可以骂你，然后劈头盖脸把骂他的话全部罩在你的头上。你被骂得莫名其妙，而那个老兄在那儿被骂得心惊肉跳。所以你走出总经理办公室的门时，不用难过，相反要高兴。每当总经理痛苦的时候，都是我挺身而出，如果不是我及时出现，总经理可能会憋成神经病，这就叫假骂。

有一次我去江苏讲课，讲完后，有一家企业的总经理就跟我聊，他说："薛老师，你讲得太对了。在我的公司里，有两个人就是我痛苦的载体。我遇到不顺心的事情，我只能骂这两个人，其他人不太好骂、不方便骂。"这就叫假骂。遇到这样的假骂，你根本就不用上心，不用耿耿于怀，相反你要明白，这是领导对你的信任，这叫假骂。

3. 遇到真骂怎么办

即使遇到领导真的骂你、批评你，同样要坚守这一原则：领导都是对的。

案例

假设某一天，公司里面出了一个小事故，总经理以为这件事情是你干的，就劈头盖脸骂你，大庭广众之下，骂得可难听了，时间又长。骂完了总经理回到办公室一想：今天这件事情我骂张三，骂得那么长时间，骂得那么难听，张三怎么一点反应都没有呢？看来要调查一下。一调查，不好，发现这个事是李四干的，根本就不是张三干的。而在那么多人在场的情况下，总经理劈头盖脸就骂张三，这倒不是出于本意，而是确实把人搞错了。这个时候总经理感觉过意不去，总得跟张三说两句，解释这件事情。终于有机会找到张三，总经理把张三叫到自己办公室，把门关上，然后就开始讲："张三，那天骂你骂得那么难听，那么长时间，你说一声这个事情跟你没关系，不就拉倒了。你怎么一声不吭？"言下之意，我骂你骂得那么激动，你也有责任。

这时候就看你怎么表态了，张三大概有三种回应方式：

一种回应方式是平淡无奇的："总经理，这个事情发生以后，确实也不太好，我也知道您心里很难过，但是完了就完了。总经理您也不要太在意，这件事情我没有受任何影响，您放心吧。"言下之意，我不在意这件事情，我不会计较的，这是一种平淡无奇的回应方式。

比较糟糕的回应方式是："总经理，这个事情真的是李四干的，李四经常这样干，这个事情真的跟我没关系。"总经理一听，你这个人不堪成大器，小肚鸡肠，还喜欢在背后说人家的坏话，不光明磊落。遇到事情你为什么不能在会上讲，不能公开讲呢？

优秀的中层经理应该这么表现："总经理，您批评我批评得很正确，出现这样的事情，我们大家都很痛心。假如我想得周到一点，绝对不会出现这样的局面。不过您放心，您那天生完气，发完火以后，我们立即开了一个会，而且拿出了一个方案。以后再也不可能出现这样的事情，总经理您放心好了。"如果你这样跟总经理讲话，你的总经理会马上把头转过来，或许眼泪像长江里的水，"哗"就下来了。这个事情跟他没关系，他说他也很心疼，大家都不开心，而且我生完气、发完火以后，他居然开会，就拿出了一个方案，居然还跟我讲不要让我再为这个事情操心，这样的中层经理到哪里找。

所以，不管领导是真骂还是假骂，你即使有一千个伤心的理由，也要把一千个伤心留给自己。因为他是领导，领导都是对的。在我们的生活当中，领导还没有批评，有一些人就一跳八丈高，把自己洗得干干净净，相比之下，好像倒显得心胸狭窄、肚量不够。这样的人，要想得到老板的信任，得到领导的认可，恐怕难度会更大一点。

承上启下，不议论领导的是非

（一）管住自己的嘴巴

“管住自己的嘴巴”。大家都知道这句话，都明白这个道理。但是在我们的工作当中，有的人管不住自己的嘴，有的时候就胡说八道，把一些不该讲的讲出来，这是不可以的。他是你的领导，你去谈论他生活中或工作中的某一些事情，尤其是负面的事情，对你的发展很不好，尤其是揭领导的短，更不好。传到领导的耳朵里面，你还想不想在公司做了。

不要议论领导的是非，尤其在中国。西方的企业可能还有一点不一样，在西方工作就是工作，人际化的因素还少一点，而中国的企业里面，人际化因素非常多。在这样的状况下，你再去谈老板的是非、长短，那就很不合适。中层经理在组织机构里面是承上启下的，只有做到不议论领导的是非，才能做到承上启下。如果你老是议论领导的是非，被你的下属听到了，下属也会议论你，对你可能会有一个判断，对高层领导也会有一个判断，接下来再想做到承上启下，就很不容易。

（二）承上启下与上传下达

在工作当中，大家一起做事情，应是干干净净的、和谐的、非常淡化的一种人际关系。承上启下跟上传下达是有区别的，很多中层经理仅仅满足于上传下达，而做不到承上启下。上传下达就是领导讲了，我再去跟下面的人讲，事情就做完了。至于下面的人接下来采取什么行动，我不知道，也不用负责，这就叫上传下达。而承上启下是付诸行动、确保结果。

案例

总经理把你叫过去："王主任，去年我们邻居那个单位着了一场大火，损失巨大，咱们单位要高度重视防火。"你一听："总经理，我知道了。"回到下面来："各位，听清楚，总经理刚才讲了，去年邻居那个单位着了一场大火，损失很大，我们单位不能失火。"谁知道就在你讲完的两天以后，自己公司真的着了一场大火，烧得光光。总经理气得把你找过来："主任，两天前我跟你讲，不要失火，不要失火。两天的时间，您真的就把一场大火搞出来，你什么意思？"你一听很委屈："总经理，您那天跟我讲不要失火，我马上就跟他们讲了，不相信您去调查。我跟张三讲了，跟李四讲了，跟王五讲了，跟赵六讲了，跟他们讲得很清楚不要失火，谁知道还是要失火，我也没办法。"这就叫上传下达：我传达了，他们还要失火，关我屁事，这个事情跟我没关系。

而承上启下就不一样。

案例

总经理说："王主任，去年我们邻居单位着了一场大火，损失很大，我们单位要吸取教训，不能失火。"你一听："总经理，我知道了。"回到下面来："张三，你去检查一下，我们的灭火器械是不是要更新。李四，你跟我们当地的消防官兵联系一下，是不是请他们今天晚上、明天晚上来做两场消防培训。赵六，据说市场上有一种新的电脑化喷水系统，是不是要买一套回来？小王，针对我们公司的现状，拿出一套火灾突发的预案出来。你仔细看清楚，我们公司的火灾隐患在哪里，拿出一态预案，这套预案要立即启动。"这叫承上启下。

所以，承上启下跟上传下达的区别在于付诸行动、确保结果，这才叫执行力。仅仅是上传下达，那不叫执行力。

（三）排除非工作因素

中层经理夹在中间，免不了有的时候要受上下的挤压，受夹板气。有的人夹板气受多了以后，就开始明哲保身，有一些手段就违背了职场的规则，承上启下做不到了，上传下达做得也不理想，甚至有的开始出现欺上瞒下、出卖领导的状况。

案例

假设你是一个车间主任，公司规定员工不能在车间里抽烟。有一天公司总经理从你的车间门口经过，还是发现张三在车间里抽烟。总经理很生气，回到他的办公室，就把你找过去："赵主任，公司三令五申，车间里不允许抽烟。但是三分钟前，我从你的车间门口经过，还是发现张三在里面抽烟。这样的事情怎么得了？屡禁不止，屡教不改。我的意见是，让张三这样的员工下午5点钟之前离开公司，杀一儆百。这种事情一定要采取高压政策，让大家明白在车间里面是不能抽烟的，赵主任你看呢？"作为下属你一听，总经理希望下午5点钟之前让张三离开，那你也不好多讲："总经理，好，我来办。"

离开总经理办公室后，你回到自己的车间，把张三找过来："张三，有个事情要跟你沟通一下。你在什么地方抽烟不行，非到车间里抽烟？你什么时间抽烟不行，为什么要等总经理来的时候在车间里抽烟？总经理叫你下午5点钟之前离开公司，我也没有什么办法。"张三一听，恨不得拎着两把菜刀去找总经理拼命。这个总经理多坏，看到我抽一支烟就要把我干掉，车间里面抽烟的人多了去了，为什么偏偏要把我干掉？你作为车间主任还逍遥自在："张三你这次被干掉，是总经理把你干掉的，是你们之间的私人恩怨。菜刀不够，我这里还有。但是我不介入你们之间的纷争。"这叫出卖领导。

案例

你的部门有个员工叫李四，李四来找你说："我大学毕业到公司来也三年了，人家都加工资了，我到现在都还没有加工资，怎么回事？"你一听；"李四，这件事情我帮你摆平。你听我的消息，我来帮你弄个水落石出。"然后你跑到人力资源总监刘总的办公室："刘总，我的部门有个员工李四，来了三年了，大学生，人家都加工资了，为什么他不加？"

人力资源总监把档案一翻，发现这个员工三年以来，每个季度的考核排名都在倒数，上一次还出了事故，没找他算账呢。据说这个人还经常在背后发牢骚、讲坏话，所以这样的人是不合适作为加薪对象的。你一听，明白了，下来以后找到李四："这个事情我已经帮你搞清楚了。为什么不能给你加薪水，有三个原因：第一，你每个季度的考核排名都在倒数；第二，你上一次出了一个事故，还没找你算账；第三，你经常在背后发牢骚、讲坏话。这件事情，我帮你只能帮到这里，你明白吗？这话是管人力资源的刘总讲的，所以我也帮不了你了。”李四一听，拿上两把菜刀就去找刘总。

像这样的消息，传达给当事人以后，肯定会产生负面的影响。如果我是李四，可能就有两个抉择：一个抉择是抬腿走人，因为在公司里看不到前途；第二个抉择，不离开，留下来斗争，一个箭步冲到刘总的办公室，拍着刘总的办公桌：“姓刘的，你凭什么说我每个季度的考核排名在倒数？你那个什么鸟考核！凭什么说我讲坏话，说我发牢骚？”搞得刘总莫名其妙。

作为优秀的中层经理不应出现这样的状况，我们希望的是承上启下。作为组织里面的一个重要成员，中层经理做好承上启下就可以了，其他的非工作因素少讲一点。

自我退后，维护领导的威信

第三个要点是维护领导的威信，自我退后。维护领导的威信，在我们的工作当中，每一个点滴都能表现出来。尊敬领导绝对不是一句空话，很具体，很现实。这与在学校里面讲的尊敬师长还不一样。尊敬师长从某种意义上讲很理论、很空洞，而在工作当中，尊敬领导就现实多了。

（一）坐车礼仪

跟领导一起乘车出差，你作为下属就要明白：领导不上车，自己不要先上车，等领导来了，你帮领导开车门。你心里要有数，领导通常坐在后排，把后排的车门打开，把领导请进去，你自己坐在副驾驶。副驾驶是下属、秘书、保镖坐的位置，是出租车付钱的位置，也是车祸死亡率最高的位置。当然，也有一种情况是车很拥挤，这时候就需要把领导安排在副驾驶的位置上，而其他人去后排挤着。

（二）电梯礼仪

跟领导一起上楼梯的时候，领导在上面，你在下面；下楼梯的时候，同样领导在上面，你在下面。万一领导滚下来，你在下面垫住。进电梯的时候，到了电梯门口，你小步快跑，过去按住电梯的按钮。从礼节上来讲，应该是自己先进，因为过去老式的电梯还有一个看电梯的人，现在都是自动的。你自己进去以后，把自己收缩到一个很小的空间，看上去很安全后，再把领导请进去，出电梯的时候让领导先出。

（三）就餐礼仪

吃饭也是这样，吃饭是对中层经理综合素养的一个考量。中国人离不开饭局，不像西方人，吃饭很简单，到酒吧就喝酒，而且是AA制。谈什么生意，都是很简单地吃一盘水果沙拉就完了，而中国人是离不开饭局的。饭局就是对一个中层经理综合素养的考量。领导说："小王，来了两个重要的客人，你陪客人吃个饭。"在饭桌上，领导不坐下来，客人不坐下来，你千万不要自己上去，你要搞清楚你的位置在哪里。对着门的位置，也就是越往里面的位置，通常都是领导坐、客人坐，而你作为下属、陪客，要坐在靠门的位置。因为你的工作量很大，点菜、要茶水、付钱、要毛巾、纸巾，这些活儿都得你干。而且服务员上菜的时候，一不小心那个汤汤水水淋在你的头上，这都是你该享受的，你不能让领导去干这些活儿。

陪重要的客人时，你是不可能吃饱的，如果你吃饱，说明你可能是有点问题的，除非是领导他们谈得很好。因为这里会发生很多事情，如果领导跟客人相谈甚欢，那么你可以偷偷地猛扒两口。一旦领导跟客人之间出现冷场，这个时候就该你出马了，你要活跃氛围，要挑出话题，而且这个话题要尽可能符合领导和客人的胃口，不能离题万里。所以就餐是对一个中层经理综合素养的考量，因为这时候所动用的是你全部的书本之外、技术之外的一些经验。而这些经验平时在学校里面可能没学过，到单位来和你的技术工作本身也没有太大的关系，但是作为中层经理，在这个时候又缺少不了这些元素。

（四）陪同待客的礼仪

领导在的时候不要瞎表现，当着外面的人领导通常会表扬你，这很正常。他会说“这是我们的生产部长、专家”“这是我们的技术部长、权威”。但是你千万不要真的把自己当专家、权威。比如总经理带了两个重要的客人到车间考察，总经理说：“这是我们车间最先进的流水线，也是我们亚洲最先进的流水线。”客人就感兴趣了，问“为什么这个红灯在那一闪一闪”。总经理讲：“流水线调到这个状态，红灯就一闪一闪。”你是生产部长，这时候你憋不住了：“不对，流水线已经坏了，所以红灯就一闪一闪。”你这么一讲，你的总经理说翻脸就翻脸。你就搞不明白，为什么总经理三分钟之前还在讲你是专家、权威，三分钟之后翻脸了。

这就是中层经理的素养，你要懂得这些潜规则。你不掌握这些潜规则，对你的职业生涯是有妨碍的。

结果至上，用数字说话

作为一个中层经理，能否得到领导的认可，基石就是你做的事情、你的绩效；衡量一个企业成功与否的很重要的标准是能否有利润；衡量一个中层经理是否优秀的很重要的标准，就是绩效如何。绩效是你在职场的立身之本。绩效可理解为结果，结果至上，绩效至上。你究竟做了多少事情，而且这个事情最好要用数字来说话。

（一）汇报工作谈结果，请示工作谈方案

你跟领导交流谈工作的时候，一定要养成这个习惯：汇报工作谈结

果，请示工作谈方案。汇报工作一定要先讲结果，但是有的人不太习惯。总经理安排他去做那个事情，做了两个月后，总经理问他：“小张，这个事情做得怎么样？”他跟总经理汇报：“总经理，两个月来，我做了多少事情，遇到了多少困难，想出了多少办法，接下来又发生了什么状况，我又出了什么主意。”讲了两个小时。总经理问：“小张，这个事情做成了没有？”“报告总经理，不好意思，没做成。”

为什么谈过程？因为有的中层经理唯恐领导不知道自己在做啥，而领导更关心的是事情做成了没有，结果是怎么一回事。所以要养成习惯，跟领导汇报工作谈结果。

先谈结果和先谈过程，分别像男人和女人的思维方式，男人的思维方式往往是结果型的，而女人的思维方式往往是过程型的。从买东西、购物这个角度就能看出来，男人去超市、商场买东西肯定是直奔主题，而且看到一款合适以后马上就掏钱，买完东西掉头就走，眼光不见其余。而女人就不一样，女人进商场之前几乎没有想过要买什么东西，但是一旦进去后，再也出不来了，好不容易出来了，手上大包小包。女人大多是过程型的，而男人往往是结果型的。

同样在沟通上会出现这个问题，夫妻俩遇到同样的事情，沟通的时候表达方式就不一样。假设今天早上女的出门，回来后跟男的说今天发生的事情，她会讲：“今天一大早我下楼梯，在楼下遇到了张老太。张老太脸色很难看，我跟她打招呼，她也不理我，我以为她对我有意见。

到了超市，大家都在抢大白菜，大白菜的价格又降了 2 分钱。”说来说去一大堆，不知道她在讲什么。而男的就不一样，假设今天是男的出门，回来男的会讲：“楼下的张老头死了。早上一大早我出门下楼梯，遇到了楼下的张老太，张老太脸色很难看，我跟她打招呼，她也不理我，我以为她对我有意见。等我从超市回来，一看楼下围了一群人，一打听，原来张老头死了。”男的回来讲故事的时候，第一句话就是张老头死了，然后再讲这个故事是怎么发生的。中层经理以后向老板讲故事的时候，也是第一句话讲“张老头死了”，然后再讲怎么发现张老头死的。这是中层经理一个很重要的习惯。

（二）同时关注过程

老板为什么用你，不就是希望你得出一个结果来吗？有人讲，那跟领导汇报工作只谈结果，领导要的就是结果，过程就不用管了。错！这个概念要辩证，领导首先要结果，同时领导有权利关注过程，千万不能二选一。比如这个月就是做300万元销售，平时我上班不上班你不用管我，我愿意来就来，不来就不来，我中间想花多少钱，想干什么事情，你不用管我，反正到月底我把 300 万元给你。

这种方式肯定不行。就像我们家里，我们希望小孩期中考试、期末考试考出一个好成绩，这叫结果。但是小孩跟爸爸妈妈讲：“爸爸妈妈，你们不用管我，到了期中、期末考试，我考不好你们怎么收拾我都行，不就要一个结果吗？如果说我考好了，那么你们该怎么表扬我？平时就不用管我了，相信我，我期中、期末考试会考好。”如果爸爸妈妈答应这个条件，平时不管他，到了期中考试，结果无法改变。

我们重视结果，同时不放弃过程的管理，虽然我们希望孩子期中、期末考试能考出一个好成绩，同时我每个星期都要看你用不用功。如果你每个星期不用功，对不起，妈妈上，两个星期一看还不用功，爸爸妈妈一起上。打得次数多了，过程控制好了，就有可能在期中、期末考试考出一个好成绩。现在对中层经理也应该是这种管法，既要结果，又要过程，两者不排斥。

勤于思考，请领导做选择题

作为中层经理，我们的部门经常会发生一些状况，状况发生以后，就要请示领导该怎么解决。

（一）两种类型的领导

在请示领导的时候，我们可能会遇到两种类型的、很极端的领导。一种类型是好领导，脾气很好，性格很好。还有一种领导就不理想。你去请示他：“总经理，我这个部门出现这样的事情，您看怎么解决？”话刚讲完，总经理桌子一拍：“这个事情要我操心吗？这种事情还来问我吗？回去好好想想怎么弄，明天上午 9 点钟我在办公室等你，拿方案来见我，看看你是怎么想的。”本来是诚惶诚恐地想请总经理点拨、指导一下的，结果反而被训了一通，明天9点钟还得带方案去见他。

客观上来讲，在第一种领导手下干活，可能比较舒服，在第二种领导手下干活，可能心情不太好。但是从你的职业生涯发展的角度看，后者可能更有利于自身的成长。在前者手下，除非你有强烈的上进心，有奋发图强的意志，非常坚决，你可能成长速度非常快。但是人都是有惰性的，做着做着就变成大事小事都是领导做主，自己仅仅是一个操作者，这不利于你职业生涯的发展。而后者看起来脾气不好，不大好相处，但是他给你充足的机会，让你自己去思考问题。

（二）领导为什么喜欢骂人

当我们部门发生状况，当我们遇到的是第二种类型的、很极端、态度不好的领导，该怎么办？你自己要动脑筋想一想：“总经理，这个事情我已经想过了，大概有三个方案可以解决，我不清楚哪一个方案更好一点。”总经理一听，“好，你讲讲看。”讲给他听完，这时候总经理就来劲了，因为他面临的是一道选择题。

我们上学的时候喜欢做选择题，不喜欢做问答题，联系到工作中来，为什么老板有的时候脸色很难看，脾气不好，喜欢骂人，那是因为问答题太多，他做疯了。本来今天老板心情挺好，到公司来上班，哼着小曲，忽然一个部门经理冲过来：“总经理，您看我的部门出现这样的事情怎么解决？”一道问答题，总经理当仁不让，只能埋头苦干做那一道问答题。还没理出个头绪出来，旁边一个部门经理冲过来：“总经理，不得了，这件事情您看怎么处理？”又是一道问答题，总经理接下来又埋头苦干，两道问答题把他搞得焦头烂额。这个时候第三个部门经理再冲上来说：“总经理，您看这个事情怎么弄？”他肯定得骂，而且骂得狗血喷头。

（三）请领导做选择题

所以，有的时候被领导骂不是你的水平问题，而是运气太差。我们怎么能够降低被领导骂的概率？无非就是请示工作的时候把选择题做好，做好了以后，他骂人的概率就大为降低。总经理也很聪明，他晚上睡在床上没事干，就在想：在咱们公司，张经理还是不错的，经常拿一些选择题给我做，那个王部长老是拿问答题来考我，看我哪一天收拾他！如何得到领导的好感和认可？很重要的一个原则就是出了事情多让领导做选择题。

勇于承担，让领导做好人

（一）好人与坏人的概念

为什么会有好人、坏人这个概念？这是因为人的情感很丰富，人的自我评价通常会有一个参照物，好人、坏人就是给他做参照的。参照以后，接下来他的心理感受可能就不一样。为什么你感觉很幸福？因为跟某人一比较，你太成功了，所以你就感觉到很幸福。你为什么感觉很痛苦，因为你和某人一比较，自己实在是跟人家相差太远，所以感觉很痛苦。好人、坏人也是根据你来比较的，就像我们在做销售的时候，销售里面有红脸白脸的说法。遇到金额比较大的生意，通常要两人以上的组合去谈，一个做好人，一个做坏人。

案例

你和老板二人一起到李总那儿去谈生意。你们计划把这一批物资卖给他，报价是 50 万元，但是你俩心知肚明，对方出价只要不低于 40 万元，就可以卖给他。客户李总谈来谈去，开始报价说 42 万元，如果同意马上就成交，立即开支票给你们。底线是 40 万元，对方出价 42 万元，肯定能成交，你们心里肯定高兴，但是不能喜形于色。如果这样，客户马上就变脸：“42 万元是 10 年付清，今天付 2 万元，明年付 3 万元。”

在这样的情况下，好人、坏人就显得很重要。客户说 42 万元就成交，这时候尽管你们心里都知道能成交，但是作为销售人员，这时候你赶快要把计算器掏出来，点着计算器跟客户讲：“老板，无论如何，42 万元不能卖。您 42 万元卖给他，我以后在生意上就没办法做了。我卖给全国那么多客户，都是50万元。您今天42万元卖给他，那些老客户怎么办？您今天42万元卖给他，我这个月就没有奖金了。您不清楚，我老婆是很厉害的。”你恨不得眼泪都要掉下来了。这时候李总可能心里就有想法，看来42万元是少了一点，但是我最多出45万元。

这个时候老板出场了，老板做好人：“你这个人怎么回事，做销售做了那么多年？卖给全国50万元，这是很正常的、应该的。但是今天你看，今天是我们李总，很重要，是我们公司长期的合作伙伴。我们跟李总的关系50年不变。你卖给他只能卖42万元，多卖一分钱我找你负责。还说没奖金日子过不下去，哪一天把你老婆领过来，我们领教领教。”这时候李总一听，世上还是好人多，立即开支票把钱给你们。

有了好人、坏人这一组合以后，对方的感受就不一样了。

（二）好人与坏人组合

同样的道理，我们管理部下和基层员工，当我们运用制度，尤其在运用惩罚性的手段（批评员工、扣钱、训斥、记过等）进行管理的时候，一定要记住中层经理做坏人，充当执行者、刽子手，而高层领导做好人，只有这样才能和谐。

案例

今天张三犯了错误，你作为部门经理，劈头盖脸地把他骂一通，罚了他200元。张三心里很不好受，他心里想：这个鬼公司，这是什么部门经理，把我搞成这个样子，真难受，不行我就马上跳槽。他走出你的办公室，走在公司走廊里，突然遇到总经理。

总经理这时候也要当坏人："张三，你太不应该了，那个事情怎么能这样干呢？"劈头盖脸又是一顿训斥，张三心里想：算了，这个公司真的是干不下去了，部门经理把我骂一通，总经理又把我骂一通，还有什么干头？他抬腿就走人。

按照我们设计的原则就不是这样。部门经理把他骂一通，他心里很难过，干不下去了，恐怕要跳槽了，走出部门经理的办公室，迎面遇上总经理，总经理这时候做好人就不一样了。总经理说："张三，最近做得怎么样，收入还可以吧？来，张三，我们握个手。"然后张三握着总经理的手，一股暖流流遍全身，心里立即会有想法：部门经理太坏了，总经理人太好了，恐怕暂时不要做跳槽的决定。

中层经理做坏人，事情能够做好，高层领导做好人，员工队伍就会稳定。如果高层领导做坏人，中层经理也做坏人，员工看不到前途，就会跑光。如果大家都做好人，这个公司就没有执行力，惩罚性的手段谁也不去实施，松松垮垮的公司怎么会有利润，怎么会有好的结果？所以最佳的组合是中层领导做坏人，执行得很坚决，高层领导做好人，好人做得很彻底，员工队伍就非常稳固。

表 2-1　中层经理能否获得领导的认可分析表

领导的话你是否坚决执行？	○是	○否
除了表态坚决执行领导命令之外，你是否学会圆融地沟通？	○是	○否
遇到不顺心的事情，你是否会跟领导拍桌子或冷言冷语？	○是	○否
沟通时，你伤过领导的自尊心、自信心吗？	○是	○否
你知道什么是假骂吗？	○是	○否
即使在领导真骂你时，你是否虚心接受，始终觉得领导都是对的？	○是	○否
领导批评你时，你是否马上把自己洗刷得干干净净？	○是	○否
你是否明白承上启下与上传下达的区别？	○是	○否
你是否经常议论领导的是非？	○是	○否
跟领导一块坐车时，你明白自己应该坐哪个位置吗？	○是	○否
跟领导一块坐电梯时，你知道怎样才算维护领导的威信吗？	○是	○否
陪领导和重要客人吃饭时，你知道怎么做吗？	○是	○否
你跟领导汇报工作的时候是否只谈结果？	○是	○杏
你经常给领导做选择题而不是问答题吗？	○是	○否
当运用惩罚性的手段时，你愿意让领导做好人，你做坏人吗？	○是	○否

3

CHAPTER

第三章

中层经理如何得到同事的支持

“在座的各位中层经理是不是认为我们公司成本很高，浪费很严重？”

所有的中层经理一起把手举起来。“在座的各位，有哪一位认为自己部门的成本很高，浪费很严重？”

没有一个人举手，这就是本位主义。

惜缘：本位主义

（一）角度不同，结果不一

中层经理由于岗位不同，对事情的看法肯定是不一样的，这就是我们经常说的“屁股决定脑袋”。你的屁股坐在什么位置上，通常就会说什么话。中层经理中，有人是做生产的，有人是做销售的，有人是做人力资源的，有人是做财务的，有人是搞采购的，有人是搞技术的，岗位不同，对某一件事情的看法，天生的就不可能完全一致。

比如销售部经理和生产部经理，销售部很努力地想把这个单子做成，想让客户满意，所以他希望公司提供给他的产品是小批次的，多样化的，尽可能量身定做。而生产部为了协调生产能力，调动好大家的积极性，肯定是希望批次越大越好，类型越少越好，这就产生了矛盾。

再比如组织大家做培训，人力资源部的想法是磨刀不误砍柴工，大家一起探讨、一起交流、一起学习，提高思想，统一认识。而其他部，比如营销部，或者技术部、生产部，想又到月底了，马上又到考核时间了，这个月的工作任务还没有完成，哪能再派人出来参加你一天两天的培训，冲突由此产生。

（二）学会换位思考

一个企业有不同的部门，不同的岗位，而且不同的部门、不同的岗位之间肯定是互相关联的，在这样的情况下就要换位思考，协同作战，要站到对方的立场去思考问题。

你的看法可能是对的，但是对方的看法可能也有道理，你千万不可以说我就是这样的，其他想法都是错的。

（三）摆脱本位主义

如果本位主义横行，管理上的矛盾和冲突就非常多，直接导致企业的内讧、内耗，致使企业效率降低、效益下滑。

吉利公司的总裁曾经问所有的中层经理两个问题，第一个问题："在座的各位中层经理，是不是认为我们公司成本很高，浪费很严重？同意的请举手。"所有的中层经理一齐把手举起来，一致认为公司成本很高，浪费很严重。老总又问第二个问题："在座的各位中层经理，有哪一位认为自己部门成本很高，浪费很严重？同意的请举手。"一个人都没有，这就叫本位主义。

本位主义体现在很多事情上。比如有一天一大早，马路边上有两个人，一个人在挖坑，另外一个人在埋坑，把前面那个人挖出来的坑再用土填掉。他们都是单位的中层经理，单位是埋电线杆的。三个人负责这件事情，一个人负责挖坑，一个人负责埋坑，还有一个人是栽电线杆的，栽电线杆的没来。因为他们是绩效考核的，挖一个坑就能拿 10 元，埋一个也拿 10 元，不管栽电线杆的人在不在，这就叫本位主义。

（四）要有全局观

所以，所有的中层经理都应该有一种大局观。一定要明白，所有的部门协同作战，企业才有效益、才有利润，而绝对不可以只顾自己做。销售部只管拿订单，拿回来以后，生产部拿不出东西来，企业不可能有利润。人力资源部组织大家培训，出发点很好，但是不去征求其他部门的意见，不去听其他部门经理有什么想法，找来老师，其他部门根本就不欢迎，这个培训就没有效果。所以第一点就是大家要珍惜缘分，要明白大家在一个平台上做事情，要协同作战，破除本位主义。

尊重：做人第一，做事第二

有理走遍天下，谁有道理听谁的。但是因为大家都是中层经理，谁也不比谁大，谁也不比谁小，大家都没有强制性。你认为有道理，对方可能认为没有道理，你认为这件事情应该这样做，对方认为就是应该那样做。

（一）面子决定好感，好感决定成败

在这种情况下，对方能不能配合你，对方能不能支持你，取决于平常你在他心目中的位置有多高，平常他对你有没有好感。如果平常他对

你有好感，这件事情他就会配合你、支持你；如果对方对你没有好感，叫他配合你，就是千难万难。

案例

你是一个部门经理，男的，心理、生理各方面都非常健康，工作也很忙。但是现在另外一个部门经理来找你，请你帮忙做一件事情。她是一个美女，很漂亮，平常你跟她可能公事上配合的机会并不是很多，但是你对她心仪已久。今天这个美女经理跑过来找你："张经理，今天我这个部门出现这样的事情，想请求你支持一下，你看行不行？"即使这个男的部门经理已经连续加班五六天，整天忙得焦头烂额，在这个时候他的回答通常都是"行"。然后美女经理讲："张经理，不好意思，我们可能占用你的时间还比较长，要你加班的。""没关系，加班。""但是我也知道，你已经加了很多天班了，所以今天来麻烦你多不好意思。""没关系。"

所有的事情都是没关系，因为她是美女经理，因为张经理对她有好感，因为美女经理在张经理心目中的地位比较高，所以他就很乐意配合、支持。

案例

假如换一个五大三粗的汉子，形象不是很好，平时也是自以为是的一个家伙，跑过来跟张经理讲："张经理，我的部门出现这样的事情，想请你支持、配合一下，行不行？"张经理的回答方式就多了，绝对不是一个字"行"的问题。他可以表现得很客气，"赵经理，你看我的部门已经连续加班五天了，大家都忙得焦头烂额。你看我身上衣服都五天没换了，忙成这个样子。我很想帮你，但是我实在挺为难的。"这是很文明的回答方式，言下之意，这件事情我帮不了，你自己看着办吧。除了这种很文明的、很有修养的回答方式，还有很多很多方式，比如"有点难度，恐怕不行"。这个就更明显。还有的就四个字"绝对不行"。你能拿他有什么辙，没有办法，因为大家都是平行的。

（二）好感从哪里来

想取得对方的支持与配合，好感很重要，这个好感从哪儿来？

1. 平时尊重对方

排除性别上的差异，正常工作当中你给他面子，尊重他，你在他心目中地位就比较高，他对你的好感就自然而然地形成。早上见面就打招呼："张经理早。"他认为你很尊重他，遇到什么事情问寒问暖："张经理，今天累不累？张经理，工作做得不错吧？张经理，你真有本事。张经理，你在我们单位里还是顶呱呱的。”这些话都是给对方面子。接下来他来配合你，难度就不是很大。如果平常不注意这些小事情，临时你想要让对方来帮你，恐怕就有难度。

2. 乐于助人

中层经理一定要明白，对方来找你帮忙的时候，你同样要给对方面子。如果你说：“我很忙，我很着急。你看我都忙成这个样子了。我的部门事情不要做了，整天就帮你。”你如果用这样的态度来回绝他，等哪一天你找他时，他会怎么回绝你？同样的道理，你做初一，我做十五，你今天用什么态度对我，我哪一天也用什么态度来对你。大家一定要明白，在这个平台上，大家一起做事情不容易，你今天用好的态度对他，他明天才可能用好的态度对你。千万不要说“我真的很忙，你看我真的是忙”。你感觉自己很正确，无可挑剔，但是你的表现、你的语言就像一颗子弹，穿透了对方的胸膛，对方会记住的。有一天你找他，他也会对你不理不睬。

案例

在银行发生过这样的故事，有一个小伙子到银行柜台上取钱，他说：“我要取钱。”柜台小姐问：“取多少？”“5000元。”“5000元到自动柜员机上去取。”小伙子就不理解了，为什么要到那儿取？对方说：“这你就不懂了，提高效率。”“自动柜员机那里排队，排了十几个人。你这儿一个人都没有，你给我就行了，究竟哪边效率高呢？”小姐一听不乐意了：“我们银行有规定，你这5000元必须要到自动柜员机上取，不可以在这边取。”小伙子一听要较真了：“规定，有啥规定？能不能把规定给我看看？”“我们银行的规定你能看吗？你还怀疑我说假话吗？你不相信我？”

然后柜台小姐摇头摆尾地去倒水了，把小伙子晾在那里，小伙子心里自然很不爽。小伙子接下来跑到自动柜员机上取钱，取完钱以后又回到这个柜台前，说：“我要存钱。”“存钱，你不刚刚取完钱吗？”“我还要存。”“存多少？”“一百元。”柜台小姐把单子打出来给他。小伙子接着说：“我还要存。”“存多少？”“一百元。”“先生你能不能把想存的钱一次全部存完？”“不可以。”“为什么？”“我们家老婆有规定，一次只能存一百。”“你们家老婆有规定，一次只能存一百？”“是，你还怀疑我说假话吗？我们家老婆的规定你还用看吗？”“那存吧。”一百元的单子打出来以后，小伙子说：“我还要存一百元。”

如此继续进行，存到第五张、第六张的时候，柜台小姐眼泪就流下来了，这很明显地就是在耍她，她说：“你不把我当人是不是？”小伙子说：“你好像都很正确是不是？我就让你知道我是谁，为我服务，你敢拒存吗？”柜台小姐显而易见不能拒存，一拒存年终奖就没有了。而且这件事情报道出去还得了。一个银行居然拒存，很显然是不能拒存的，只能照做。整个过程从上午的十点多一直持续到下午的三四点钟，时间非常长。柜台小姐一边掉眼泪，一边存。

保安跑过来说：“先生，不要妨碍我们正常的工作秩序。”小伙子就火了，说：“你搞清楚没有？我在存钱。我是你们的客户。你们的工资奖金从哪儿来的，不都是我们这些客户来了以后，你们才有工资奖金吗？居然说我妨碍工作秩序，你搞清楚了没有？”保安自讨没趣走了。营业部的主任下来，说：“先生，能不能到贵宾室去喝杯咖啡？”“不去，两小时之前你怎么不认识我？不去。”

电视台也来了，电视台的人扛着摄像机在那儿拍，也采访旁边围观的人，围观的人也觉得这个小伙子太过分。镜头也对准了小伙子，他就讲：“你们只看到她的可怜状，看到她现在眼泪巴巴的。在几个小时以前，她那副盛气凌人的样子，你们看到了吗？我不懂得提高效率吗？银行有规定，还怀疑我说假话。你看看她高高在上，好像我是低人一等，我在求着她办事。既然她让我求着她办事情，我也让她知道，我作为一个普遍客户有哪些权利，她应该尽哪些义务。”

这个柜台小姐当初回答小伙子提问的时候，她讲银行有规定，低于多少钱的必须在 ATM 上取，能提高效率，她一点都不认为自己有错。但是问题是：你认为不错，而你的沟通方式、表达方式让对方很没面子，对方心里很难受。他很难受以后，接下来他就会让你很难受。

报复通常以另外一种方式进行，而且这样的报复会让你哑口无言。从能量守恒定律上来讲，能量也是互相作用的。在工作当中，当我们和其他部门经理发生对接和关联的时候，一定要给足对方面子，而不要自以为是，接下来你想请求他配合与支持就顺理成章。

内敛：高调做事，低调做人

（一）什么是高调做事，低调做人

做事情、做业绩的时候往前冲、往上跑，做得比人家好，这就叫高调做事。但是为人的时候，谈到工作能力、工作业绩的时候，自己要谦虚、要内敛，这就叫低调做人。

关于高调做事和低调做人，在我们中国的企业里面尤其重要，在西方的企业里面，可能是另外一回事。西方企业里做得好我就要讲，不讲其他人不知道，而在中国的企业里面，是希望你做得好，讲得还少，大家对你的评价就高。如果你做得好，但是自己到处讲，结果反而降低人家对你的评价，就是这么奇怪。东方文化跟西方文化有区别。

案例

我们看电视连续剧《亮剑》里面有一个场景，李云龙为了提高部队官兵的战斗力，他做了一个规定，能够把李云龙摔倒的就有猪肉吃，能够把手榴弹扔到筐里面的人也有猪肉吃。如果摔不倒李云龙，手榴弹又扔不到前方那个筐里面，说明你能力比较低，你就没有猪肉吃，因为猪肉是有限的。有一个老兄把李云龙摔倒了，扔手榴弹也扔到了，他有了猪肉吃。但是看到旁边一帮没有猪肉吃的人，他手捧着这碗猪肉，明明知道这帮人没有猪肉吃，还跑到他们面前，动作做得非常夸张，声音搞得非常大，其他人心里很不好受，这就叫高调做事、高调做人了。

按照我们中国的传统习惯：我能力强，我有猪肉吃，看那一帮人没有猪肉吃，但是我又没有能力分给他们每个人一块，那就悄悄地躲到某一个角落，悄悄地把猪肉全部吃完，把嘴巴擦得干干净净，装作什么事也没有的样子，再跑到那一帮没有吃猪肉的人中间去，这叫高调做事，低调做人。

当你有猪肉吃，而别人没有猪肉吃的时候，你尽可能躲起来把声音降到最小，这也是一种善良。我们倡导高调做事，低调做人的态度，做人不要太张扬，即使你能力强，但是张扬到最后，结果并不好。

（二）孙悟空是不是个好经理

孙悟空、唐僧、猪八戒和沙和尚，这四个人是一个优秀的团队，西天取经很成功。现在我们把这个团队放到一个企业里面来做管理，唐僧做总经理，孙悟空、猪八戒、沙和尚分别做部门经理。那么，唐总最欣赏哪一位部门经理呢？

1. 孙悟空的个性、能力分析

根据我们以往的经验判断，有人选猪八戒，有人选沙和尚，有人选孙悟空。问题是，在这个团队里面，能力最强的是孙经理，贡献最大的是孙经理，那他应该是领导最欣赏的人吗？有的人觉得不是。这就涉及个性问题了。孙悟空属于力量型性格。力量型的性格特点是有思想，有行动，说到做到，雷厉风行，从来不拖泥带水，做事情自动自发，只要想做成某一件事情，就会想尽一切办法。这是他的优点，他很强势。但他的缺点也显而易见，他很自以为是，跟其他任何人沟通的时候，往往都是咄咄逼人，说起话来语速很快，像机关枪一样一梭子就出去了，而且他不讲规矩，为了实现目标有时不择手段。

2. 唐僧的个性、能力分析

唐总的性格又是另外一个样子。唐总属于完美型性格，他心中有一个伟大的目标，然后一点一点地去做，追求尽善尽美，尽管可能速度慢了一点，效率低了一点，但是他希望每一件事情都做好，而且特别地循规蹈矩。他跟谁都是阿弥陀佛，说话慢声细语。孙悟空和唐总，这两种性格搞到一起必然有冲突。

孙悟空跟谁都可以咄咄逼人，都可以用命令的口吻讲话，但是跟领导唐总就不能这样。而且唐总是非常讲规矩、非常有素养的一个人。而孙悟空没有受过高等教育；他是犯过错误以后，被压在一个石头底下，追根究源来看，这是一个没有教养的乡下土猴，所以他们两个人本质上就有冲突。而且孙悟空的眼里也没有规矩，他可以扯出一面旗帜出来，叫“齐天大圣”，他可以大闹天宫，而唐总非常知书达礼。

孙悟空还爱出风头，电视台来采访，说：“你们的公司为什么搞得这么好？”孙悟空一向自以为是，就说：“公司做得好，因为有我这个销售经理在。”然后拿起话筒来讲了两小时，讲完了以后才想到让唐总说两句。所以孙悟空跟总经理之间的冲突必然产生。

3. 沙和尚的个性、能力分析

那么唐总最欣赏哪一位部门经理呢？很多人说沙和尚，因为沙和尚比较老实、本分，交给他做事情一百个放心，永远不用担心沙和尚背叛。其实，我们企业的基层员工绝大多数都是沙和尚这种性格，老实本分，没有非分之想，但是这种性格也有它的缺点。和平型性格有的时候故步自封，创新能力不够，缺乏进取的精神，小富即安，能过就过。遇到大的困难、大的挑战时，沙和尚显得办法不多。所以唐总回答：“沙经理这个人有一定的能力，有冲劲，有干劲，有闯劲，对工作有一定的贡献，但是在某些地方还有待提升。”

4. 猪八戒的个性、能力分析

既然孙悟空不是他最欣赏的，沙和尚也不是他最欣赏的，看来只有一个猪八戒了。猪八戒属于活泼型性格，跟谁都会打打闹闹，对新鲜事物永远感兴趣，而且跟谁都没有深仇大恨，早上讲的话也许晚上就忘掉，在团队里面充当一个活宝、开心果的角色。这样的人唐总怎么会喜欢他呢？

其实关于猪八戒的争议由来已久。曾经有一段时候互联网上有人对女性网民做调查，假如说要在孙悟空、猪八戒、唐僧、沙和尚这四个男人当中选一个情人，会选谁？结果是猪八戒得票率最高，让很多男人大跌眼镜。

按照我们现实的眼光，女孩子要嫁人，首先应该嫁唐总。他是领导，嫁给他以后就是领导夫人，吃香的，喝辣的，房子、车子、票子啥都有，选择比努力更重要。谁知道网上的女性讲：唐总虽然是领导，事业有成，但是他一心扑在工作上，没有七情六欲。嫁给他以后，打情骂俏都玩不起来。当花瓶没意思，不愿意嫁。

唐总不嫁，那应该嫁谁？英雄？孙悟空是最大的英雄，能力那么强，多阳刚，嫁给他以后，就是英雄配美人，绝配。谁知道网上的女性也讲了：孙悟空也不能嫁。为什么孙悟空不能嫁？说孙悟空太大男子主义，自以为是，眼睛里只有他自己，不懂得怜香惜玉。嫁给他以后，只有伺候他的份儿，不要指望他陪你逛一次街，而且这个人动不动还有家庭暴力倾向。所以孙悟空这个英雄不安全，不能嫁。

唐僧不嫁，孙悟空不嫁，那你想过小女人的幸福生活，嫁给沙和尚最好。嫁给沙和尚以后，洗尿布的问题永远不是问题，永远不用担心沙和尚去拈花惹草。谁知道网上的女性又讲了：沙和尚老实本分，但是不时尚，跟不上潮流，跟不上时代。这个人他连2月14是什么日子都不知道，嫁给他不郁闷吗？

选来选去，这三个人都淘汰，留下来的只有一个猪八戒。猪八戒有什么好？网上的女性讲：猪八戒最起码会哄人，会疼人，跟他在一起，他会哄我，想吃西餐他就陪我吃西餐，想逛街他就陪我逛街。虽然这个家伙也不是个好东西，看到别的女人两条腿就走不动，但最起码他跟我在一起的时候，他会以我为中心，不求天长地久，但求曾经拥有。所以猪八戒应该是比较合适的人选。

5. 猪八戒到底有什么好

那么，唐总为什么也选择猪八戒？猪八戒有什么好？唐总给出了四点理由，他说：

第一，猪八戒这个人，能力是有的，比如井底下背死人这样的事情，孙悟空不愿意干，沙和尚又干不了，猪八戒干了。

第二，猪八戒这个人很聪明，和人打架，打得过就打，打不过就跑。通风报信的往往是他，让我们的损失降到最低。

第三，猪八戒这个人团队精神很强。在我们这个团队里面免不了会出现大家互相指责、互相推卸责任的事情，大家找不到谁来承担责任的时候，就一起把责任推给猪八戒。猪八戒他脸皮厚，他好像没听见一样，这消化了多少内部矛盾。

第四点，猪八戒这个人还是比较懂规矩，从来不敢当面顶撞领导，最多是背后发发牢骚，被我听见了，眼睛一瞪，他马上吓得屁滚尿流，赶快过来拍拍我的马屁。作为领导哪个不喜欢？综上四点，猪八戒才是好干部。

听到领导这番言论，作为中层经理的你是什么感受呢？原来你一直以为能力强，贡献大，就可以得到领导的赏识，谁知道领导居然在背后发表这么多的真实想法。作为孙悟空，恐怕就要好好地反省自己了，就要想一想自己哪些地方做得还不够。能力强不是你的错，贡献大不是你的错，但是肯定在某些地方是你的错，导致你的领导产生这样的想法。

6. 孙悟空的出路

高调做事、低调做人，能力强、贡献大都是你的长处，但是不要太张扬，不要要个性，要低调、谦虚、内敛，这样领导对你的评价可能就不一样。

★反省自己的行为

假如你不反省、不修正自己的行为，把前面的缺点继续发展下去，你别指望能被提拔，上来的人不出意外肯定是猪八戒。沙和尚没有什么好说的，因为别人的能力比他强。问题是孙悟空，能不能咽得下这口气？

谈能力，十个猪八戒也不是他的对手。谈贡献，西天取经孙悟空打了几个妖怪，猪八戒才打几个妖怪？论资历，孙悟空到这个团队来的时候，猪八戒还在高老庄和那个女人在一起鬼混。从哪个角度上来讲，孙悟空都咽不下这口气，那只有离开。

★回花果山开公司

孙悟空离开以后，有没有人愿意请孙悟空去做总经理？可能会有，但是如果有，一定是那个老板有紧箍咒。如果没有紧箍咒，请孙悟空来做总经理，那是非常危险的。因为这个人无法无天，公司搞三天就姓孙，在他眼里没有啥规矩，啥事情都干得出来。你没有金刚钻，不要揽瓷器活。

孙悟空最好的出路是回花果山自己开公司，这倒是很符合他的个性。孙悟空能力强，自己开公司肯定能挣钱，但是孙悟空的公司不可能做成大公司，因为孙悟空的个性太张扬，能力太强，不可能聚合很多英雄好汉到他这个平台上的，其他能人不可能跟孙悟空共事。“一山难容二虎，除非一公一母。”孙悟空自己开公司，自己已经做老大了，怎么可能再容忍其他能人跟他一起干活？

★再反省

假设孙悟空的公司开了一年，赚了不少钱，他买了一台二十几万元的广州本田。有一天他开着他的广州本田在城市的干道上，心情很愉快，俺老孙也不受那个气了，自己开公司多好，有车开，公司做得不错。忽然干道对面驶来一辆豪华的宝马车，就在这两台车交汇的一瞬间，两个驾驶员对看了一眼，孙悟空美好的心情立刻化为乌有，因为对面那豪华车上坐的是猪八戒。猪八戒继承的是集团，所以他有资格开豪华车。孙悟空回到家里还是郁闷，但郁闷归郁闷，还得反省。

7. 孙悟空们该吸引什么教训

也许我们在单位里面就是孙悟空，你以为在单位里，论能力，你出类拔萃；论资历，你无可争议；论贡献，大家有目共睹，啥都很强，但是我们要在孙悟空身上吸取教训，要高调做事、低调做人。打妖怪这些事情你直接去干，然后注意沟通方式，跟唐总在一起，说话要委婉、和气一点，不要像个机关枪，多请示、多汇报。

你一看是白骨精，在打之前，最好写一份报告给唐总，唐总说打，你就一棍子打下去。你不请示，就一棍子下去，猪八戒在旁边看到了，肯定有话讲：这个猴头又闯祸了，你看看把人家老太婆打死了。猪八戒跑到领导那儿去一讲，孙悟空有嘴也讲不清。和猪八戒、沙和尚也要搞好关系，经常和猪八戒去洗洗桑拿，和沙和尚去打打麻将。唐总到了 60 岁，光荣退休，你孙悟空不做总经理谁做？你不做天理难容。

克己：让于名利，无欲则刚

（一）不要过多地争名夺利

中层经理在一起，免不了有一些利益上的纷争。我的建议是退一步海阔天空。今天你努力了，但是没有得到应有的结果，后面可能还有一个更大的在等你。去争抢名利，为了一点蝇头小利打得头破血流，导致同事关系紧张，这不利于你的职场发展。

案例

浙江横店集团是一个很大的企业，很多人在那里拍片子。其实横店集团不仅仅是一个影视基地，它也有工厂，它是一个很大的集团，销售额做到二三百个亿。他们的老板叫徐文荣，文化程度并不是很高，他在给他的中高层管理人员进行培训的时候，培训方式非常独特。徐老板有一次给中层经理做培训，他把所有的中层经理用几辆大巴车拉到两个地点，进行现场培训，也没有讲师，他自己讲。一个地方是殡仪馆，殡仪馆很多人都去过，一个烟囱，一缕青烟直上，他想让所有的管理人员看明白：你现在争，现在抢，即使有太多的名，有太多的利，到最后无一例外地肯定都化为一缕青烟，这是第一个场地。

这些人离开殡仪馆后，又被拉到另外一个地方：监狱。在监狱重点看那些曾经位居高位的，曾经有很多钱的劳改犯，他们在那里干苦力。言下之意很明白，不该拿的东西、不该想的东西，不要去想。

徐文荣非常有智慧，他几乎把我们在职场里面修身养性，该懂的东西都体会出来了。你现在去抢名、抢利，跟谁过不去，为那一点奖金，为那一点物质上的东西，搞到最后不就是一缕青烟，直上蓝天吗？有些东西你不该想的，不该拿的，你去瞎想，去瞎拿，拿到最后免不了要到那个劳改农场去干活儿。

因此，一个有素养的中层经理要放眼未来，有的时候吃小亏是福，自己受一点委屈不重要，这是中层经理很重要的特质。人有的时候要学会受点委屈。不受委屈，你的职业生涯发展真的是有难度的。

曾经有一个记者采访柳传志，他得出一个结论，说柳传志这个人很厉害，在他的心中，隐藏了很多别人不知道的秘密。柳传志当初办联想，从艰苦创业的小公司，慢慢做大，在这个过程当中，肯定受了很多的委屈。比如他办营业执照肯定受过委屈，但是柳传志从来不讲。还有涉及国家的政策法规，他也不讲。他面临着很大的压力，他还得去调解斡旋，跟有关方面不断地争取政策。所有的这些委屈，柳传志几乎不说。

凡是有名望的成功企业家，不管是柳传志也好，张瑞敏也好，他们对外界只讲阳光的一面，只讲光明、健康的东西，负面的东西，自己受过的委屈，很少对外人讲。这才是我们中层经理学习的榜样。我们有的时候吃了一点亏，受了一点委屈，不要一跳八丈高，应该大度能容天下之事。

（二）勤奋做事，简单做人

勤奋做事，简单做人，即做事情勤奋一点，做人相对简单、低调。相对于外企，在中国企业，尤其是家族企业内部，做到这点尤其重要。比如国美集团的黄、陈之争，如果你平时人际关系复杂，这时难免就会产生“站队伍”的问题，到底该站在哪一边。比如你到了一个家族企业，跟老板沟通没问题，但是怎么面对占据着公司各个重要职位的老板家属呢？怎么面对那些老功臣、老部下呢？最好的方法是不要去打听。不要去打听这个财务跟老板是什么关系，那个看门的好像也是老板家的人。如果这样去打听，事情就会变得复杂，就把自己搞进去了。简单做人，就是以自己为圆心，跟公司的每一个人都保持同等距离，这就避免了到时候站队伍的问题。甚至老板邀你下班吃饭，如果你觉得老板有事找你吃饭谈，那你应该建议老板在办公室谈算了；如果你确定老板只是拉拢你，那你可以含蓄地说：“我晚上已经有安排了，要接我女儿。”工作之余不再和公司其他人，甚至是老板发生太多的交往，这就是圆心理论。当然，这有个前提，那就是勤奋做事。

有的时候我们在职场中，搞得自己很被动，就是因为自己和谁太近，近到把自己所有的毛病、所有的软肋都暴露无遗。在这个时候谈事情已经不是非常重要，谈到事情就会扯到人，扯到人的时候，他就会对你这个人产生想法。职场当中的工作关系应该是和谐的、平平淡淡的，相对来说比较单纯。

助人：予人玫瑰，手有余香

（一）予人方便就是给自己方便

“予人玫瑰，手有余香”，能帮人的地方要帮人，不能袖手旁观。企业是各个部门的联合运作，你今天帮了别人的忙，明天也会有人来帮你的，这就是一种合作关系。你今天不帮人家，今天对人家冷言冷语，给人家脸色看，那明天谁来帮你？

（二）如何进行跨部门沟通

我们在工作当中，经常会出现跨部门沟通的情况，很多单位都有品质改善部。品质改善部的经理或项目组的组长，通常希望其他部门都来配合他做事情，因为它是一条线下去。可能这个品质改善部所做的事情贯彻到公司的所有部门，或者说这个项目组需要其他部门经理来配合，但是这个部门经理也没有权力去指挥其他部门，因为其他部门经理跟他是平级的，其他部门的员工也不归他管，他也没有考核权、强制权。但是他希望把事情做好，这时候就看其他部门配不配合。

有的品质改善部的经理就跑过来跟老板发牢骚：“你又要让我做品质改善部经理，但是又不给我权，又不给我钱，考核也没有，就让我去动动嘴皮子。人家部门根本就不买账，对于我这一块的工作内容根本就不欢迎，而且不能考核他们，只考核我，这件事情太不公平了。”其实这个问题很现实，就是一个跨部门沟通的问题，在对方不受你管辖，你没有任何资源可以对他进行制约的时候，他配不配合，你就要采用很艺术的一些手段。

1. 首先调整好心态

你要明白你不是以指挥者的身份出现，而是应该以服务者的身份出现。很多人习惯上以指挥者的身份出现。“张经理，刚才总经理跟我说了，这件事情必须要你们两天之内完成。”你这句话什么意思？张经理一听，他心里就产生一种反感。不如说：“张经理，总经理希望我们这个部门两天内完成这件事情，我不知道有什么难度。你看有什么事情需要我来做的，能不能跟我讲一下？”身份就完全发生了变化，对方对你的反感可能就没有了。

2. 想一想对方忙不忙

每个部门都有自己独立的业务工作，不可能你一去，他的部门所有的工作都停下来，都听你的，配合你。所以你要搞清楚对方忙不忙，你去的时机好不好，这也是要研究的。时机掌握不好，很容易吃闭门羹，时机掌握好，可能效果就比较明显。

3. 平时是否乐于助人

过去你帮过他没有。如果你过去没有帮过他，事情就比较严重。跨部门沟通，这是一个中层经理绕不过去的问题。你如果能够把跨部门沟通做得很好，下面要提拔副总的话，你肯定是一个非常有力的竞争人选，因为你已经学会了在没有强制性、没有硬权力的情况下，用自己的软影响力，把事情做好。说明你的沟通能力、管理能力、协调能力，各方面都已经上了一个台阶，做副总就比较有资格。

（三）人生就是一种合作

其实，人生就是合作。人一生下来，在生活当中就有合作，上学的时候要跟老师合作，如果跟老师对着干，不买老师的账，可能你赢了，但是老师不会帮你提前毕业。工作以后有很多朋友，朋友之间也是一种合作关系。你成家了，有爱人，也是一种合作关系。千万不能去斗，你的老婆有其他观点，你跟她斗，到最后你赢了，但是你的爱人可能会成为人家的爱人。所以我们讲合作关系很重要。在企业里面，中层经理的工作更是一种合作，跟领导合作，领导会给你机会，给你平台；跟你的同事合作，同事会给你支持，给你配合；跟你的下属合作，下属会给你尊重，给你理解。

表 3-1　中层经理能否获得同僚支持分析表

在工作中，你是否学会换位思考，站在对方的角度去思考问题？	○是	○否
所有的部门协同作战，企业才有效益、才有利润	○是	○否
你平时是不是尊重同事，给对方面子？	○是	○否
当同事找你帮忙时，你是否乐于助人？	○是	○否
你跟同事说话的时候，态度是否谦和、亲切、友善？	○是	○否
谈到工作能力、工作业绩的时候，你是否谦虚、内敛？	○是	○否
做事情、做业绩的时候，你是否往前冲、往上跑，做得比人家好？	○是	○否
当出现利益上的纷争时，你能否退一步海阔天空？	○是	○否
你是否学会受点委屈？	○是	○否
你是否能容天下之事？	○是	○否
你做事情是否勤奋，做人是否相对简单、低调？	○是	○否
你平时能帮人的时候是否帮人，不袖手旁观？	○是	○否
跨部门沟通时，你是否以服务者的身份出现？	○是	○否

CHAPTER 4

第四章

中层经理如何激励下属

如果唐僧手中没有紧箍咒，他又要如何去驯服悟空，如何去激励猪八戒？作为中层，如何适时地为员工描绘公司愿景及个人发展机遇？怎样利用合理的手段聚集并激励下属？

谈到激励，有的人可能就想到要花钱。其实，激励和奖励还是有所区别的，激励往往是在事情发生之前，而奖励往往是在事情发生之后；激励可能要钱，也可能不要钱，而奖励往往要物质化，可能要有金钱。

金钱奖励：很重要，但不唯一

中层经理激励下属，更强调的是不花钱的激励，因为花钱的奖励往往只有高层领导才有权决定，而中层经理的权力相对较小，资金方面的资源相对有限，所以更侧重于在非资金方面的激励。奖励肯定含有金钱这个元素在里面，但千万不要以为在激励员工做事情、调动员工积极性的时候，现金越多越好，这是一个误区。

（一）金钱是一把双刃剑

想不用钱让员工干活，或用一套理论、一种激励人的思想，让员工干劲冲天，这肯定不能持久。但是如果仅仅给钱，不谈思想，不谈精神，不谈理念，又是贻害无穷。因为金钱是一把双刃剑，舞得好能够保卫自己，舞得不好就可能伤害自己。

企业里有一个员工，一直拿800元一个月的工资。这个员工觉得自己拿800元，其他人也拿800元，倒也相安无事。但是有一天中层经理觉得要激励他一下，给他发2000元的奖金。这个员工忽然发现多了2000元的奖金，他当然很激动。第二个月，除了给他800元的工资，又给了2000元奖金，这个员工有些激动，但是激动程度已经下降。到了第三个月，只给他800元的工资，奖金一分钱也没有了，这个员工又激动起来了，因为他觉得企业应该给的2000元没了，他当然很激动。所以，这时候想不再给他2000元，而希望他踏踏实实的，像以前那样好好地做事情，是不可能了。所以，金钱是一把双刃剑，千万不要以为钱越多越好。

（二）员工该拿多少薪水

那么，薪水究竟发多少比较合适呢？我认为在一个单位里面，一个岗位上员工的薪水拿得多与少，应该有几个参考系数和比较值。

1. 横向比较

如果是参考比较下来，那就比较合适。比如一个人现在在一个岗位上拿的是3000元的薪水，他的大学同学大概拿多少，如果他拿得比他们高或比较高，就过得去。

2. 纵向比较

第二是跟过去的同事相比较。两年前，一个人从其他单位跳槽过来，现在比较一下，原来那个单位的同事现在拿多少钱，如果相比较而言，他拿得比人家高，就过得去。

3. 可替代性比较

比如一个人现在在这个岗位、做这件事情。假如老板不用他了，而用其他人，或者从社会上招收新人，或者在公司里从其他岗位的基层员工中选拔一个人上来，大家做的事情效果差不多，老板所付出的薪水比他现在拿到的多还是少？这就是可替代性比较。有好多员工、中层经理容易忘掉这一点，拿了钱却怨声载道，说这点儿薪水拿了那么多年。要明白，假如老板不用你，而用其他人，做的事情跟你一样好，但是薪水远远不用这么多。所以你就不用再抱怨，不要这山看着那山高，得陇望蜀。

当然，也要考虑到与高层人员的薪水对比。加薪水的方式少量多次肯定比多量少次效果要好。也就是说想加 100 元的薪水，可以分成两次或三次加，一次加 20，一次加 40，还有一次加 40，分三次加，效果比一次性给他 100 元要好。人都是有惰性的，一段时间以后，很可能他的心态会恢复过来，所以必须持续不断地激励。

在企业里面，每个管理者、每个员工都应该明白自己在这个岗位上只能拿这个钱，虽然跟人家比较，拿得钱要少一点，但是要知道你做的事情的价值可能没有另外一个岗位的价值大。

案例

有一个企业的一名员工说，他在这个单位辛辛苦苦、兢兢业业干了 15 年，现在居然每个月的薪水只有 2000 元，而公司刚刚招聘了另外一个人进来，刚刚上班两个月，他每个月的收入就达到 8000 元，他觉得很不公平。而他是打扫卫生的，拿8000元的那个人是销售经理。这就对了，不同工不同酬，这个状况就是在此基础上产生的。

他虽然工作15年，踏踏实实、兢兢业业地打扫卫生，但是他的岗位价值相对来说比较低，可替代性非常强。他不打扫，老板到劳动力市场，随便一抓一大把，很多人都能代替他完成这件事情，所以他的岗位价值只有2000元。而销售经理拿8000元，因为这件事情只有他来做，企业的销售额才能达到3亿元、5亿元。其他人来做，销售额就冲不了3亿元的关口，所以要给他8000元的工资。

所以大家一定要明白，与其抱怨自己的薪水太少，不如抱怨自己的岗位价值太低，然后想办法在现有的岗位上增加附加值，想办法让自己所做的工作的可替代性逐步降低。当你的岗位、你所做的事情的可替代性逐步降低的时候，你的薪水也在逐步提升。所以在一个单位里面，在一个岗位上，每个中层经理都应该有自己的正确看待问题的角度。

晓之以利：让下属明白为谁工作

那么，如何调动员工的积极性，如何鼓励他愉快、积极地去做好每一件事呢？每一个中层经理都要跟员工讲明白：他究竟在为谁工作。

（一）做工作就是做生意

1. 提醒员工为自己工作

这个道理很多人不知道，或者说有的人即使知道，也容易忘掉。这就需要不断地去提醒他：千万不要认为是为老板打工。

每个人都是为自己做事情，我就是自己的董事长，那么我做事情做好了，对我个人的公司很有好处。我如果在为别人做事情就难说了，能偷懒就偷懒，能不干就不干，能少干就少干。领导不催不去办，下级不来汇报不去问，其他部门不来找我，我也不去找其他部门。这就是打工的心态，如果按照这种打工的心态，你想让自己有出息，这就有点难了。

2. 市场经济就是买卖关系

每个人都在为自己做事情，市场经济就是买卖关系。在单位里面上班，也是一种买卖关系。工作就是一件交易，交易的双方中，一方是你为单位提供的绩效，另外一方是单位为你支付的薪酬。在绩效和薪酬之间发生交换，所以它本质上就是一种交换关系，工作本身就是一件交易。员工是卖方，而领导在这场交易中充当买方代表。领导的话要坚决执行，如果不服从领导，动不动就跟领导拍桌子，发脾气，应该明白后果有多严重。因为领导在交易当中充当了买方代表，员工居然跟买家拍桌子、发脾气，那么这个交易就不能继续下去。另外，如果想把交易做大，想让交易额上升，可能性就很低了。所以员工要服从、执行领导的命令，不要跟领导发脾气，拍桌子。

员工是在为自己做事情，如果薪水少了，那么要考虑自己付出的是不是不够，供应的绩效价值是否小了一点。如果员工努力地把自己供应的绩效无限量地增大，按照对等的关系，薪水肯定会随之上升。所以每个人都在为自己而工作，而不是为他人。

（二）耐得住寂寞，受得了诱惑

1. 让员工清楚眼前的生意

当员工偷懒、懈怠的时候，中层经理有责任跟员工说清楚：为了自己的职业生涯，为了自己的前途，为了眼前的生意，还是要鼓足干劲，好好地做这件事情。

你不跟他讲，他不明白。现在有些年轻的员工刚刚从大学里出来，到单位时间不长，心态往往比较浮躁，容易瞎比较：我那个同学薪水拿了多少，我才拿这么一点点，不行，我要跳槽；听说谁又发财了，那我也要发财，自己去创业。其实在这里面有一个问题：要耐得住寂寞，受得住诱惑。

2. 跳槽并不能换来薪水的增加

那个单位招一个人，薪水可能比你现在要高一点，但是如果对方仅仅比你现在的工资多 20% 或 30%，你就毫不怀念地毅然决然地跳槽，这是不太慎重的。

其实真正有出息的中层经理，他一定是通过某一个阶段的沉淀、磨炼，然后在一个时间点上发生几何级数的变化。我们的薪水也应该是这样的，绝对不是现在拿 5000 元，跳到另一家涨到 6000 元，再跳到另一家涨到 7000 元，再跳到另一家涨到 8000 元。跳来跳去，那折腾的成本就太高。我认为一个合适的跳法是现在拿 5000 元，好好做，做得非常扎实，甚至上司掌握的东西、具备的某些才能，自己都已经掌握了，这时候再跳槽，就可以从 5000 元直接升到 8000 元，中间就不会出现 6000 元、7000 元。

我们应该在这个角度上想，而绝对不是因为涨了一点点工资就跳。涨了一点点就跳槽的一般是这个人本来就对工作不满意，早就想离开，结果一直没有找到合适的机会，刚好在这个时候，另外一个单位开出来的薪水有 20% 的涨幅，在这种情况下他毅然离开。

3. 帮员工做好职业生涯规划

而我们现在所谈的前提条件是这份工作你喜不喜欢，这项工作的前途你是否认可，你自己的职业生涯发展和目前的岗位能够提供给你的平台机会是否对等。你要考虑成熟，绝对不可以因为有 20% 或 30% 的涨幅就跳槽。所以，要管理好自己的职业生涯，年轻人要耐得住寂寞，受得了诱惑。过去我们讲“板凳要坐十年冷”“十年磨一剑”，现在我们很多人不想去练内功，不想去蹲马步，就想去笑傲江湖，就想学一招葵花点穴手，从此独步武林，可能吗？

（三）经营自己

每个人的生意都是自己做，所以要经营好自己，尤其要经营好自己的职业生涯。在现在的市场经济下，人确实有浮躁的一面，但是大家更多是普通人。普通人就是踏踏实实地把眼前的事情做好，一步一步地成就自己、修炼自己。

作为一个中层经理，你的职业生涯怎么规划，将来要成为什么样的人，如果将来想自己创业，现在就是最好的学习时机，千万不能说大不了我自己创业做老板去。你做员工都做得不够优秀，将来还能做老板吗？先把员工做好，做得非常优秀，把中层经理做得非常优秀，才有资格创业，做老板。因为只有做好了工作，才能明白这里面的工作历程、工作感受，所以每个人要规划好自己的职业生涯，不要受到外界太多的诱惑。要做就踏踏实实地去做，只要瞄准一个目标，然后就沉下心来。

三十岁之前，我们都不应该去考虑薪水的多与少。三十岁之前就是一个学习时间，三十岁之前就是你认识社会，了解企业，掌握技能的一个阶段。这个阶段所支付给你的薪水只要能够满足自己的生存需要，能够有一点结余就可以了。

三十岁之后肯定有你腾飞的机会，如果你在三十岁之前太计较一点点的蝇头小利，三十岁之后的发展可能跟其他人不一样。因为你的三十岁之后还在重复着三十岁以前的那种生活。而你三十岁之前，如果不计较自己的金钱收入，踏踏实实地做积累，那么在三十岁之后就会有回报，而这种回报绝对不是以前那种拿那每个月一点的薪水。

在企业里面，跟员工讲这方面的事情，这是每个中层经理的责任。不跟员工说，有的时候他不明白，他情绪上就反常，心态上可能就不太沉静，就会说一些负面的言论，做事情也不认真。我们要让他明白他是为自己做事情。

描绘愿景：从不花钱的激励开始

在激励手段、激励方式上，中层经理也要讲究。激励的方式有很多。

（一）愿景激励

1. 什么是愿景激励

愿景激励就是告诉员工一个美好的未来，让他现在好好做，未来就是他的，如果不好好做，未来就不属于你。

其实很多领袖都是天才的激励高手。毛泽东是激励高手，当年在井冈山的时候，很多人被白色恐怖吓倒，说红军还能打多久？这时候毛泽东写了一篇著名的文章，叫《星星之火，可以燎原》。丘吉尔也是激励天才，当年英国被希特勒轰炸，炸得满目疮痍，英国的很多老百姓神经脆弱，只能依靠每天收听丘吉尔的演讲来维持生存下去的勇气。

2. 告诉下属他的前方是什么

因此，做管理的都应该学会激励下属，告诉他前方是什么。任正非在华为刚创业的时候，他跟他的员工讲："我们华为的每个员工都要买大房子，这个房子的阳台要足够大，因为我们华为给每个员工发的钱非常多，要经常拿到阳台上晒一晒才不会发霉。"当年华为还没有发财的时候，还没有做得很大的时候，任正非就讲过这样的话。这就是愿景激励。

案例

马云刚刚创业的时候，也跟他的员工讲过类似的话。马云 1995 年创业失败，1999 年创业又失败，他返回杭州做他的阿里巴巴，做得非常辛苦，他手下的那一帮人薪水都很低，住的地方从办公场所走路只要五分钟，而住的地方是员工自己租的房子，办公的地方就在马云的家里。据说马云当年也曾跟他的员工这样讲，他说："要想象一下，未来我们公司上市了，你们作为创业元老，就是百万富翁、千万富翁。将来能成为百万富翁、千万富翁，那么你们现在还在乎拿这么一点小钱吗？"

当然我没有考证过马云究竟讲过没有，但是好像流传有这样的一种说法。这就叫愿景激励，我们作为中层经理，有责任、有义务跟员工这样描述一下他的未来。

（二）情感激励

情感激励就是领导用自己的人格魅力，用自己的一些表现，让员工死心塌地，愿意为企业做事情，或者愿意在这个阶段内把事情做好。

案例

古代这方面的案例很多，在春秋战国的时候，有一个著名的将领叫吴起，他的士兵很骁勇，不怕死，很善于打仗，因为吴起很善于激励。有一次一场大战回来，吴起检阅他的士兵，看到有一个士兵的手臂被一支毒箭射伤了，伤口的脓水流了出来。吴起做了一个动作，他用自己的嘴巴为这个士兵舔伤口、吸脓水，让其他的士兵钦佩不已，非常感动。这个事情就传到了士兵的妈妈耳朵里，士兵的妈妈一听号啕大哭。其他人不理解，说将军对你的儿子这么好，你为什么要哭？这个妈妈就讲："在若干年前，我孩子的爸爸也曾经在吴将军手下打仗，吴将军对我孩子的爸爸也干过这样的事情，舔伤口、吸脓水。时间不长，我孩子的爸爸命就没了。今天将军又为我的儿子舔伤口、吸脓水，我估计我的儿子也快没了。将军对我的儿子这么好，他肯定要报答将军，打起仗来肯定第一个冲在前面，这样他的命就不保了。"

这就叫情感激励。“问世间情为何物？直教人生死相许”，在我们企业里面，可能没有表现得那么严重，但是这样的情感交流还是有的。

案例

有一个老板跟员工讲：“张三，你好好做，做到年底给你发奖金3万元。”到了年底，各项指标都完成了。张三就想，老板说要给我发3万元，我就等。终于有一天老板把他叫过去，说：“张三，你今年做得不错，我不食言，给你3万元奖金，来年好好干。”张三谢过老板，拿了3万元掉头就跑，第二天就到别的企业去上班了。老板一听很着急，给他打电话：“张三，你昨天刚刚拿了我3万元，怎么掉头就跑了？”张三一听：“老板，我跟谁都可以过不去，但我不可以跟钱过不去。这里的老板答应我到年底做得好，给我4万元，所以我就来了。”

我们在给员工发奖金的时候，它的作用应该分两部分，一部分是对前面工作的肯定，还有一部分是对后面工作的期望。现在这个老板给员工发了3万元奖金，发完后人就没了，他这个激励工作就不成功。

案例

换一个老板就不一样了。换一个老板跟张三讲：“张三，你今年做得不错，我想请你们全家吃顿饭。”张三一听：“不用了，老板。”他心里想：你赶快把 3 万元给我吧，我拿到 3 万就可以跳槽了。老板说：“不行，我一定要请你们全家吃顿饭。”恭敬不如从命。到一个酒店，张三的老爹、老娘来了，老婆也来了，老板亲自请他们全家吃饭。

酒过三巡、菜过五味，老板就开始动作了。他从口袋里掏出 1 万元递给张三：“张三，今年做得不错，值得表扬。来，给你发 1 万元奖金。奖金挣得不容易，慢慢花。”张三拿着 1 万元，心里就骂，老板心真黑，不是讲好 3 万，吃一顿饭就少 2 万，也太黑心了。

张三在心里骂，老板从口袋里又掏了 1 万元出来，递给张三的老爹、老娘说：“老两口，看你们的儿子多有出息，我们公司已经离不开你儿子了。我们公司也没有啥可以孝敬你们的，也就 1 万元。你们想吃啥、想买点啥，自己做主吧。”老爹、老娘忽然看到 1 万元，在毫无思想准备的情况下，那是激动得不行，嘴笑得合不拢，心里在想：儿子打工挣薪水，自己还能拿养老金，真好。老两口正在高兴着，老板又从口袋里掏出 1 万元，递给张三的老婆：“张太太，张三经常出差，家里的事情就拜托你了。你辛苦了。这 1 万元给你买化妆品，是你的化妆品基金，请收下。”张太太看到买化妆品居然还有基金，还是1万元，也高兴得不得了。

春节一过，张三想跳槽，老爹、老娘就拿着个棒打："你这个兔崽子，没良心的，人家老板对你多好，你还好意思跳槽。"张三想跳槽，老婆也不答应，老婆说："你要跳槽可以，先把1万元的化妆品基金给我交出来。你到人家那里去，我年底的1万元跟谁要？"

同样是这么多钱，但是加了一点点情感在里面，发生了化学反应，效果就是不一样。所以，做管理的千万不要以为有钱能使鬼推磨。钱当然是重要的，但是光有钱不行。当然，缺钱也是不行的。有钱还得有其他的一些元素融进来，这是情感激励。

（三）荣誉激励

1. 改变传统激励模式

荣誉激励其实有老传统，我们过去企业里都会评先进，到了年底评先进工作者，发一个奖状，发一点奖金。但是过去企业里面评先进、发奖金，很容易导致一少部分人被孤立，因为那几个人评上先进了，受到领导表扬了，也有奖金了，什么都是他们的了。一年干到头他们最厉害，其他人劳而无功。今天该大扫除、打扫卫生，那几个人干吧，其他人走了，因为他们是先进，先进就先干点活儿。所以，评了先进，但是孤立了先进。

现在的市场环境下，企业的操作方式有很多，要做好荣誉激励，就要改变过去的传统方式。现在评先进，已经不是一年评一次了，也不是只评少数几个人，现在评先进五花八门，什么办法都有。如家、锦江之星、汉庭这些快捷酒店，在它们的楼梯口或电梯口，都会有一个牌子挂在那儿，玻璃牌上面贴了若干人的照片，上面写着四个字：明星员工。这就是一种荣誉激励。而明星员工这样的荣誉激励方式非常好，它已经不像过去一样到了年底才给发一张奖状，发一点奖金。也许这个明星员工的奖金非常可怜，但是只要把他的照片挂上去，效果就很明显。

如果贴的是一个人的照片，他每次从电梯口经过，无论如何要多看一眼，既然贴上去了，他就再也不想下来。而另外一些人从电梯口经过的时候，也要看一眼，但是怎么看怎么不舒服，因为上面的照片不是他。他心里就想：我这个月要好好努力，争取把我的照片也贴上去。这些并没有花多少钱，但是这种荣普激励非常有意义。

2，奖励可以五花八门

还有一些企业，这个月看大家谁工作做得好，评一个脚踏实地奖。颁完奖，这个月挂出来的奖项是脚踏实地奖，奖品是一双皮鞋。又过了一个月，搞光辉形象奖，不是评谁长得好看，而是看谁表现好，奖品是一套职业装。每个月都搞个奖，类型五花八门。有个公司就是这样干的，而且让每个员工都很兴奋。这个月是皮鞋，下个月是西装，再下个月不知道是啥玩意，好像吸毒一样上瘾。员工都希望下个月有自己的份儿。

奖品推陈出新，不断地变换花样，可以大大地刺激员工的积极性。而且获奖的人要扩大化，千万不要是极少数的几个人。发奖的仪式也可以有很多变化，获奖的人数可以参照奥斯卡奖。奥斯卡奖除了最佳影片奖之外，其他的奖项特别多，比如最佳导演奖、最佳道具奖、最佳服装奖、最佳作曲奖、最佳配角奖等。什么都有，搞得很多人都获奖，大多数人都很开心。我们企业里，实际上也可以用这种方式，事实上很多单位已经在用了。这叫经常表扬，经常奖励。

奖项规模化，受惠的人就非常多。

案例

有一家企业，评奖的方式很简单，领导都不出面，完全是员工自己评。人力资源部说，我们今天搞一个颁奖晚会。董事长和总经理来了，可能就坐在某一个角落，他们不是主要的角色，跟他们没有太大的关系，主要是人力资源部在组织。主持人也不见得是什么重要的、有头有脸的人，员工喜欢谁，谁就可以当主持人。

晚会开始了，主持人说："各位同仁，今天我们颁奖晚会正式开始。"人可能是站着的，中间铺的是一条红地毯。主持人又接着讲："市场经济百舸争流，万马奔腾。在这个季度，我们公司涌现了两匹黑马，小王跟小赵，销售业绩一飞冲天。下面我们颁发黑马奖，有请小王、小张走过红地毯到前面来领奖。”这条红地毯铺得很长，员工都在旁边看。小王、小赵在众目睽睽之下，从红地毯的一边走到主席台，还要求他们不能走快，一定要慢慢走。走到前面，先给他们戴一个花环，往他们脖子上一套，像国家元首一样，那种感觉立即就上来了。

主持人说：“小王，这个季度做了 8000 万元，下一个季度有什么想法？”又是走红地毯，又是戴花环，这时候小王说话就忘乎所以了：“下个季度，怎么也得弄 12000 万元。”回到家里，小王也后悔。怎么回事，怎就讲出 12000 万元，这还得了？这个压力不把自己搞死了，但是那么多人在场，话已经讲出去了。

颁发了黑马奖之后，接下来主持人可能又会说：“万马奔腾，但是千里马常有，而伯乐不常有。当初这两匹黑马是谁发现的呢？下面颁发伯乐奖，有请老李。”这个老李可能原来做过小王和小赵的领导，确实辅导过他们，但是老李因为年岁大了，工作精力确实不行，销售业绩比不上他们。他正躲在某一个地方黯然神伤，忽然在毫无思想准备的情况下，主持人颁发伯乐奖，把老李请上来。老李同样走红地毯，戴花环，很激动。老李去年培养了两匹黑马，今年起码弄个三四，又让他激动起来了。

可能这里面还有一些销售，或者单位的文员。他们不是直接跟客户打交道的，仅仅做一些支持性的工作，比较踏实，他们的业绩也没办法量化。这些岗位虽然很稳定，但是容易使有的人积极性不高，或者很容易跳槽。人力资源部又策划一个名堂出来。主持人讲：“在公司里，有那么一个人，每天当我们踏着朝阳来的时候，他已经在公司里了，晚上当我们下班，踏着月光陆续离去的时候，他还在公司。这个人就是我们公司的太阳，我们公司的月亮，下面颁发太阳月亮奖，有请王小丫。”下面的人一听王小丫也上来了，王小丫就是公司一个小小的文员而已。这么把他一激励以后，王小丫就死心塌地在那儿再干三年，中间不可能出现任何的思想摇摆。

像这种荣誉激励，尽可能把它扩大化，其实每个人都是需要肯定的。

引而不发：让他人说出你的想法

（一）如何避免自己不受夹板气

除了这些激励手段之外，还有一个很重要的法宝，就是引而不发，把自己的意见变成他人的意见，把他人的意见变成大家的意见，这是个很重要的法宝。

因为做中层经理的，有的时候一不小心就会在老板跟部下之间受夹板气。在这样的情况下，最好要使用这样一个法宝。

案例

有一个车间主任，现在总经理把他叫过去说："王主任，今天晚上你的员工还要加班。"他一听心里就不高兴了："总经理，我的员工已经加班八天了。这八天来大家都是没日没夜地干，大家早就想今天晚上回去休息一下。今天晚上不能再加班了。"总经理说："不行，今天晚上无论如何一定要加班，要不然这么多事情赶不出来。"这件事情就有一点为难，他也没办法，只好让员工加班。

回到车间，大家还在干活，这时候他跟员工讲："各位听清楚，三分钟前总经理把我找过去了，说今天晚上我们大家还要加班。"这话一讲，员工不会站起来鼓掌，说他们太喜欢加班，希望天天加班，相反员工会有意见，马上就乱哄哄地发表议论。那边一伙人讲："我们无论如何不加班，看他怎么弄，我们说好这周再不加班。"那边一伙人在讲："还要我们加班，要命呢！我们坚决不加班，看他怎么弄。他如果敢对我们怎么样，我们大家就集体跳槽。"脾气坏一点的人直接站起来说："王主任，你有一点人性好不好？我们已经干了八天，八天没有回家了。"脾气好一点的站起来问："王主任，你就不能让我们休息一下吗？明天再加班不行吗？今天晚上让我们休息一下。"这时候他成了众矢之的。

有些中层经理就不知所措了。有的人忍无可忍，到最后无能的手段就出来了。耍赖皮的中层经理就说："不要跟我喊，有本事跟老板讲去。是老板叫你们加班的，又不是我叫你们加班。"很多中层经理很容易就把这句话说出来。说这句话实际上就意味着他在这件事情上的无能。

在这里有一个法宝，就是把自己的意见变成他人的意见，把他人的意见变成大家的意见。

案例

总经理说还要加班，那只能加。你回到车间暂时不讲话，看大家都在忙，就悄悄地把张三找到自己办公室。你把门关上，请他坐下，把平时舍不得喝的好茶拿出来，给他泡一壶；把平时舍不得抽的好香烟，拿出来给张三抽。张三一看又是好茶又是好烟，问："王主任，什么事情这么隆重？""啥事也没有，喝茶抽烟。"张三喝着你的茶，抽着你的烟，他不自在了：“王主任，有什么事情需要我张三做的，赴汤蹈火，在所不辞。”

他这样一表态，你心里很开心，但是当面还不能笑，让他继续喝茶抽烟。“王主任，有什么事情，需要我张三做的，你直接讲。”“张三，今天还真有一件事情，要请你帮我一下忙。你不帮我的话，我就死定了。”“什么事情这么严重？”“我们员工加班加了几天了？”“八天。”“现在你能不能帮我想出一个办法，既不让我们大家加班，还能把这么多事情做掉？”张三一听：“那怎么可能呢？”

“无论如何你要帮我。总经理把我找过去了，跟我布置这个任务。我想只有你能帮我解决，其他人实在是不行。”因为你明白，张三在这个车间是有思想，有一定号召力的，在他周边是有一群人的，所以这时候你就捆住他。张三一听这话，感觉到茶也不太好喝了，烟也不太好抽了。但是没办法，刚才已经表过态了，所以他只能愁眉苦脸地抽烟。“张三，你看这个事情怎么弄？”“那只有加班了。加班大家会骂的。”“那有什么办法呢？”“我来跟大家讲讲，我尽可能给大家做做工作，让大家留下来加班。”

一个堵枪眼的由此产生。

但一个堵枪眼的还不够，看看车间里面，再找李四过来。

李四在车间里同样有一定的号召力，他周边也有人。你把李四找过来，同样是关门，倒茶递烟。李四一看很激动："王主任这么看得起兄弟，又是好茶又是好烟，需要我做的直接讲。""李四，咱们也是多年的弟兄了，也不跟你说假话。今天无论如何，你要帮我忙。""帮什么忙？""今天晚上，我们还要做这么多事情，我也没办法，不知道怎么弄。你看你换到我的位置，你会怎么弄？"李四一听也有点儿着急："那只有加班。""那加班，大家都有意见吧。"李四一听也是，然后喝茶抽烟。"那这样好不好，王主任。我保证谁谁谁一齐加班，其他人我说不准，但是我保证这边这么多人肯定是加班的。"又一个搞定。

搞定张三，搞定李四，还要不要搞定王五，你自己看。接下来火候成熟了，就开会。"各位，大家已经连续加班八天了，很辛苦。我看在眼里，记在心里。我也跟总经理汇报了，总经理也明白大家的辛苦，但是总经理总喜欢把硬骨头交给我们啃，说今天晚上让我们还要完成这么多的事情。我也没办法。大家畅所欲言，有什么想法都说出来。"

如果用这样的姿态跟员工讲话，部下一般不会骂你，但是发牢骚很正常。在这样的状态下，指望员工不发牢骚是不正常的。可能有的人还在大声说就不加班。最后张三肯定腾地站起来："大家听我说两句，不要吵。单位不是一年四季都这样忙，这个忙就像农村三夏大忙的时候，就那么几天，你不忙过了这个时候，庄稼就收不成了。咱们公司这个时候也是三夏大忙，咬咬牙，加个班就完了。"张三还没讲完，李四腾地就站起来："对对对，加班，加班，还跳槽，跳到人家那里去还不如在这边呢。"李四还没讲完，王五就腾地站起来，把袖子一撸："赶快加班，早点动手，早点回家，哪有那么多废话。"在这个时候你作为车间主任，就很好说话了："各位，非常感谢。我一定向总经理汇报，而且我表态，我坚决会跟大家坚守到最后。"

这件事情从头到尾，员工都没有责怪领导，员工也加班了，各方面都处理得很好。这里很简单的一个原则就是：把自己的意见变成他人的意见，把他人的意见变成大家的意见。做管理一定要经常灵活地使用这一法宝。把这一法宝运用得好，就能够逢凶化吉，遇难成祥。如果不会使用这一法宝，就会活活地被挤死。领导说要加班，员工拒绝加班，然后你不知怎么搞，你就没法干下去了。所以这个法宝很重要。

（二）人性化管理

管理方式要与时俱进，这种管理方式实际上是很人性化的。在公司中，很多细节都可以用这一条来做。

案例

办公室很脏乱，你想让小王打扫，过去一些领导就发号施令："小王，看你的办公室脏得像猪窝一样，赶快打扫。"小王一听，很不乐意地去把工具拿过来，一边打扫心里一边在骂："看我不顺眼就直说，还要让我打扫卫生。"这就是传统的发号施令式的管理，而现在不一样了，方式有很多。"小王，过来，我们到另外一间办公室去看看。"看完了，领导问："小王，人家办公室跟咱们办公室有什么区别？""人家办公室比咱们办公室干净。""那咱们办公室怎么办？""赶快打扫。""谁来打扫？""大家打扫。""大家是谁？""那还是我先来打扫吧，总不能让您打扫吧。""那我们大家轮流，排一个值日表出来。""值日表谁来排？""值日表我来排。""那今天谁打扫？""今天我打扫。"

从头到尾，你没有讲任何命令的话，但是你的员工一步一步在按照你的想法在做。我们有理由相信，小王今天打扫卫生一定非常干净，而且很卖力，因为他有成就感。值日表是他排的，他第一个打扫，他要带头示范。这也是把自己的意见变成他人的意见的法则。

多头并举：经常用到的激励菜谱

（一）好的行为是表扬出来的

在管理下属的时候，要经常表扬，不要吝啬，好孩子是表扬出来的，好员工也是表扬出来的。

我们小时候经常被父母拎起来打一顿，这很正常，因为那个时候父母之间交流的育子经验就是不打不成才，棍棒之下出孝子。而现在时代发生了很大的变化，做父母的基本不打自己的孩子了。现在流行赏识教育，多表扬孩子，好孩子是表扬出来的。五六岁的小孩跟着妈妈到超市去买东西，买完东西出了超市，妈妈忽然惊叫：“不好，我的包还落在超市里面。”她掉头就往超市里面奔，这时候儿子在后面拎着个包对妈妈喊：“妈妈，不用跑，包在这里。”妈妈掉头一看自己的儿子，居然把包收好了，很高兴地说：“我的儿子太有出息了。”表扬到最后，小孩再跟着妈妈到超市去买东西，眼睛就骨碌碌地盯着那个包，生怕妈妈的包丢了，这就是表扬出来的结果。

小孩在家里哪天高兴起来，给爷爷扇两下扇子，扇两下就不得了，妈妈就会表扬。结果是，家里来了一个收水费、收电费的叔叔，小孩子都拿着个扇子过来：“叔叔，要不要扇两下？”好孩子就是这样表扬出来的。

（二）自己分量不够时，请领导来表扬

那么，我们企业里的员工，也要这样表扬。多表扬，尤其是自己是部门经理，表扬下属好像分量还不够的时候，那就请领导出来表扬。你的部门的一个员工小赵平常很银铛，做事情不踏实，但是这两个星期变化很大，居然为公司做成了一件事情，创造了很大的效益，那么仅仅你表扬不行了，得去找总经理。“总经理，我的部门那个小赵这两个星期变化大，很踏实，居然为公司做成了一件事情，创造了很多效益。总经理你能不能去表扬他一下？”总经理一听明白了。到了第二天，总经理装着无事的样子，在办公楼里晃来晃去，就晃到小赵的办公室。一看小赵，忽然伸出右手，往他的肩膀上狠狠地拍一下：“小赵，我听说了，你很了不起，你居然把那件事情做成了，我们公司真的缺少不了你。”小赵猛然看到自己的老总居然把手拍在自己的肩膀上，还讲了这么一番热情洋溢的话。原先他是落后的典型，经常被批评的，今天老板居然会说出这样的话，两行热泪顿时滚滚而下。表扬的效果非常大，这种表扬也不花钱，我们要经常使用。

防微杜渐：不要伤害员工的自尊

另外，作为中层经理，在调动员工积极性的时候，有一些不太适当的话不要说出来，伤害员工自尊心的话不要讲。

（一）伤害下属自尊的话

“小丽，你知道狗熊是怎么死的吗？”“狗熊怎么死的？”“笨死的。”言下之意，小丽很笨。

“小赵，你还想当主管？癞蛤蟆想吃天鹅肉。”

“小丁，这个事情再做不好，就请你滚蛋。”

“不要站在那儿说话不腰疼，有本事自己来做做看。”

这些话都是伤害人自尊心的话，让人听着非常不舒服。还有一些冷言冷语，也让员工觉得很伤自尊。

还有一些人好像很民主。“小钱，今天开会，你无论如何要讲话，一定要讲。”小钱说：“我没啥讲的。”小钱这个人很内向、很腼腆。“不行，小钱你一定要讲。”部门开会了，大家讲啊讲，你作为部门经理说：“这件事情我们听听小钱的意见，小钱你讲。”小钱受到你的再三鼓励，终于鼓足勇气讲：“我认为这件事情我们可以这样做……”讲了三句话还没讲完，你说：“不用讲了，小钱你讲的东西，我们在两年前就用过，没有用的。”以后再开会，小钱还会讲话吗？打死他都不讲。像这些都是伤害下属自尊心的话。

（二）不积极、不健康的话

还有一些话不利于调动员工积极性，那是一些负面的或不积极、不健康的话。比如：“他是老板的人，你们小心一点，不要去跟他啰唆，不要去跟他接触。”“他是副总的人，他是谁的人。”这些话不要在员工面前讲，员工会觉得公司很险恶。

有的时候一些中层经理工作不顺心，在员工面前发脾气，这个要小心。另外不能当着员工、下属的面说：“这个公司我看活不长了，搞不下去了，哪有这样干的。”这些不经意的话让下属听到了，那就是一颗炸弹。你作为中层经理都讲这样的话，那下属会怎么想？所以，在下属面前要讲积极、健康的话，不要讲那些不利于团结，不利于公司运作，不利于公司发展的话。

5

CHAPTER

第五章

中层经理如何带领团队

火车跑得快，全靠车头带。优秀的团队是中层经理最合适的注脚。

团队为王：做英雄还是做领袖

中层经理到底应该做英雄还是做领袖？有的人可能会有疑问，英雄威风八面，领袖万人敬仰，这两个都是非常好的词汇，两者之间有排斥性吗？

（一）中层经理只能做领袖

是的，在讲团队建设的时候，这两个词就具有排斥性，中层经理只能二选一，选择英雄就不能做领袖，选择领袖就不能做英雄。

1. 领袖与英雄的区别

打一个比方，唐僧跟孙悟空这两个人，很显然唐僧是领袖，孙悟空是英雄。

案例

再比如单打独斗，刘邦不是项羽的对手，项羽“力拔山兮气盖世”，天下的第一号大英雄。到江苏宿迁去可以看到一尊雕塑，一个人举着一个大鼎，这个人就是项羽。这两个人离奇得很，各方面的因素相差甚远。项羽出身贵族，而刘邦出身贫民；项羽相貌堂堂，而刘邦长得很一般；项羽做事情光明磊落，而刘邦有一点流氓无赖。从年龄上来讲，刘邦比项羽大二十多岁。垓下之战结束以后，霸王别姬，自刎乌江。刘邦登基做皇帝的时候已经五十五六岁，而项羽自杀时也不过三十二三岁。

从各方面的因素比较，项羽好像都远远超过刘邦，但是为什么项羽最后惨败，而刘邦做了皇帝？刘邦自己也讲："我带兵打仗，攻城略地不如韩信，储运粮草，安抚百姓不如萧何，运筹帷幄、决胜千里之外不如张良，但是我把张良、萧何、韩信都用起来了，我就成为皇帝。"从这番话我们能看出，领袖跟英雄的区别就在这里。领袖能够用一帮人，让大家为自己做事情，而英雄只能逞匹夫之勇，自己很厉害，但是他手下没有团队。

其实项羽原先是有团队的，韩信、张良等很多人都曾经是项羽的手下，但是项羽不知道爱惜人才、利用人才。像韩信，项羽仅仅把他作为一个保卫科长的角色，其实韩信当时是天下第一军事家，他肯定感觉很委屈，就跑到了刘邦那里。而刘邦刚开始也没有发现他。后来萧何月下追韩信，刘邦铸台沐浴更衣，拜大将军，接下来这个局面才发生了很大的变化。帮助刘邦打天下的还有两个战将，一叫彭越，一叫英布。这两个人，一个是劳改犯，一个是强盗，但是他们原先跟项羽都是弟兄，或者曾经在项羽的手下干活儿。同样项羽留不住人，没有能力做领袖，这些人就跑到真正的领袖刘邦那里。

项羽手下没有团队，到最后只有范增一个人，也被他气走了，走到半路上气死了。项羽有一点像人才交流中心的主任，不断地为对方输送人才来打败自己。

我们作为中层经理，手下肯定有人，我们的任务就是带团队。我们要做领袖而不是做英雄。

2. 从英雄向领袖心态转变

很多中层经理往往都是从英雄蜕变过来的，他们原先都是一线的英雄，一线的优秀员工。原来是销售上的一把好手，后来总经理看着不错，就把他提拔起来当销售部经理。原来是生产部的能人，搞技术有一套，总经理把他提拔起来，做生产部经理。

可以说，绝大多数的中层经理都是从一线提拔起来的，原先都是英雄。问题是提拔起来做中层经理以后，角色发生了很大的变化，不能再做英雄了。这个时候应该选择做领袖，因为工作内容已经发生了很大的变化。

案例

原先你是一个拉小提琴的，你拉的小提琴音色很纯正，旋律很优美。现在你的总经理不让你拉小提琴了，让你做指挥，指挥一帮人演奏一首乐曲。这时候拉小提琴已经不再是你的工作内容，也不再是你的核心竞争力。你的工作内容、你的职责是站在指挥台上，指挥手下的那些拉小提琴、拉大提琴的，吹单簧管的、双簧管的、萨克斯管的，还有吹长号、短号、圆号的，还有打击乐的一大帮人，让他们互相配合，按照你的指挥动作演奏出一首和谐的乐曲。这才是你该干的活儿。既然你已经站到指挥台上，就不要恋恋不舍当初的小提琴。

有一些中层经理心态没有转变好，让他做指挥，刚开始肯定不适应，指挥不了，底下人互相埋怨，领导也责怪他。然后他把指挥棒一摔："大不了老子再回去拉小提琴。"这种心态是不成熟的。如果你想在职业生涯中有很好的发展，应该把过去的小提琴忘掉，全心全意做指挥。如果你在管理这个通道上发展，那么你就得重新修正自己的心态，改变自己的行为。.

（二）员工与管理者的区别

1. 员工：管好自己，管好今天

你要明白，过去你是一个好员工，但是你从一个好员工成为一个管理者以后，这个区别就很大。一个优秀的好员工只要管好自己就行，其

他人不用管。一个优秀的好员工，只要管好今天就行，明天的事情领导会安排。

2. 管理者：管好自己，管好他人，管好未来

作为中层经理，不应该仅仅管好今天，还要想到明天、后天、下个星期、下个月、下个季度的工作该干到什么进度。作为中层经理，不但要管好自己，而且要管好他人。

3. 管理者：学会整合资源

原先你作为一个员工，做的事情很少，而现在中层经理做的事情就比较多。原先你做的是技术活儿，现在更多的是做管理。原先你是一个被整合的资源，现在你已经成为资源的整合者。原先你是象棋盘上的一个车、一个马、一个炮，现在你在这个系统里面已经不是一颗棋子，可能转变为一名棋手，是推动棋子的人。

从一个好员工转变为一个中层经理，这当中是惊险的一跃。一定要迈过去，心态上要转变。这时候你最重要的工作是做协调、做计划、做沟通，控制整体上的事情。管理上的计划、组织、控制、协调，该你完成，不是基层员工实现得了的。基层员工在他那个岗位上，只会看到自己的事情，而你作为部门经理，要站在部门的立场上。虽然你拉小提琴拉得很好，但是下面有人拉，你不用去拉了。虽然你做某个事务性的工作做得比人家棒，但是你更要统帅全局，要有全局的观念，你要对整体结果负责。

所以我们不要再津津乐道或者痴迷于过去所做的一些技术活儿，这是很多人不愿意放下的。管理者要自我蜕变，要完成这惊险的一跳，必须把过去的东西丢下，想办法让员工干活儿，让他们去做事情，争取每一件事情他们做得都比你好，但是部门管理个个都不如你。这个时候你就是领袖，员工能干的活儿就不用干了。从员工领袖到组织领袖，区别也就在这里。

（三）怎么做中层经理

1. 让员工忙起来

员工能干的活儿，你不用干，你专门干员工不能干的活儿。你应该把有限的时间和精力用到管理全局上来，不要把自己搞得焦头烂额，什么事情都自己干。你自己干说不定还干不好。你的任务是把你的员工忙死，让他们忙得焦头烂额，从这个角度上讲，你的管理是成功的。相反，如果你自己忙得要死，累得要死，而你的员工好像没有太大的压力，也不知道干啥，你这个管理者是很失败的。

如果一个部门经理在那里挥汗如雨，忙得焦头烂额，而员工在那里跷着二郎腿喝茶、看报纸，他的管理就很失败。如果一个部门经理跷着二郎腿喝茶、看报纸，而员工一个个忙得像陀螺一样，那这个经理就很厉害，是个能人。管理就是运用他人的努力实现自己的目标，而不是把自己忙出高血压，忙出糖尿病，忙出半身不遂！你有本事让下面的人忙，把你的部下忙出高血压，忙出糖尿病，而你自己还很健康，就是个高手。

2. 学会放手

优秀的管理者都是逐步放手，放到最后，自己游山玩水去，不再管具体的事情。王石在管理上真的是非常厉害，他高兴了就去爬山，几乎把地球上七大洲的名山都爬过了，而且爬过珠穆朗玛峰，一爬都用大半年的时间，公司也不管，因为有很好的团队在那里做，不需要他自己再去做。这就是管理上的成功者。我们中层经理要有这样的想法，下属能做的事情就不做，把这么多人聚集在一起，运转起来让他们做得很好，这就叫带团队。

3. 摆正心态

很多销售冠军带团队带得一塌糊涂，非常糟糕，确实证明是心态转换上有问题。他是个销售冠军，现在让他做销售部经理，他还在念念不忘当初做销售冠军的时候多么厉害，在部下面前都要露一手。问题是你不要显示，最重要的是带他们、辅导他们，让他们的销售能力都能达到你的水准。那么你作为销售部经理就非常成功了。

我们的销售部经理平时在培养下属的时候做得不够，甚至还有一种坏的想法，看到员工的销售能力上来，他的销售额逼近自己当年做销售冠军的那个业绩，虽然脸上好像很高兴，但心里有一点空落落的，还不太爽。这个销售冠军心态是不对的，要调整，因为他的角色已经完全转变。管理者要希望员工个个都比自己强，这时候你的销售团队真的是王中王，就很棒。

讲清规则：游戏也得先说玩法

如何带团队呢，要讲清游戏规则。

（一）游戏规则的重要性

游戏规则很重要，公司有大的规章制度，部门也得有小的规章制度，或者要有自己的文化，这些都称为游戏规则。一个团队如果没有很好的游戏规则，这个团队的战斗力、执行力肯定是不强的，或者说凝聚力是有问题的，很容易产生内耗、内讧。

游戏规则解决的是公平和效率的问题。有了游戏规则，团队成员就觉得公平，就不会扯皮，效率就很高。

案例

有七个人组成一个团队。这七个人在一起生活，每个人相对老实本分，没有恶毒祸害之心，但是免不了都有一点自私自利。这七个人在一起生活的时候，每天都要吃饭。吃饭要分，假设他们吃的是一锅粥，要把这一锅粥分到七个人的碗里，问题就产生了。刚开始随便由一个人来分，但是这个人会往自己的碗里多捞一点，其他人的碗里就会少一点，不公平的状况出现了。

为了团队持续下去，大家就开会，想办法解决这个问题。大家讨论来讨论去，就想出一个办法：七个人轮流值日，每个人都可以做一天的值日长来分粥。刚开始大家感觉到很公平，但是时候一长，感觉问题又出来了。每个人值日一天，也就是说每个人有一天可以享受往自己的碗里多搞一点的权力，但这变相地滋长了腐败的风气，而全员腐败是不利于团队发展的。所以大家觉得这样做等于倡导腐败，每个人都有机会腐败。于是又开会研究，最后在七个人当中选择一个德高望重者，让他来分粥。因为这个人从他的过去来看，品德相对高尚。然后这个品德高尚者开始分粥。

刚开始相安无事，时间一长又发现品德高尚者免不了地要给那些平常拍自己马屁，喜欢奉迎自己的人的碗里多分一点，而那些不善于搞人际关系的人，碗里就会少一点。品德高尚者也经受不了实践的考验，得重新解决这个问题。再开会讨论，得出一个办法：为了确保公平和效率，选举产生一个分粥委员会。为了确保分粥委员会做得公平，再搞出一个监督委员会，监督委员会有权力对分粥委员会进行弹劾、批评。

这看起来好像很公平，结果事情又来了，每天吵架、扯皮。监督委员会不断地对分粥委员会提意见，分粥委员会不断地据理力争，扯皮、打架，效率问题解决不了。看来这样还不行。最后这七个人又在一起动脑筋想办法，终于想出一个办法：谁都可以分，但是分粥的那个人一定最后拿回碗。也就是分了七碗，先让其他人选，等其他人都拿完以后，剩下的那一碗就是给你的。如果你有自私自利之心，分得不公平，那么最少的那一碗肯定是你自己的。

综上所述，游戏规则是用来解决公平和效率问题。在我们的部门中也是这样的状况，我们不断地寻找一些游戏规则，让员工感觉到很公平，让大家配合起来有默契，提高效率，这就是游戏规则。作为中层经理，除了遵守公司大的游戏规则，自己部门也得制定一些小的游戏规则。因为只有有了游戏规则，大家做事情才会有规矩，没有游戏规则大家就会瞎做。

（二）游戏规则分类

游戏规则分很多种，有行为方面的游戏规则、心态方面的游戏规则。

1. 行为规则

什么事情能做，什么事情不能做，这个问题不是公司的制度所能解决的，有的非制度就能解决。有的单位有这样的员工手册，上面列得很详细，关于一个员工日常工作当中的仪容仪表、行为举止、举手投足，各方面都有严格的规定。但是有的单位就没有这样的员工手册，但是我们希望每一个员工遵守公司的行为规则。这时候公司的行为规则没有用制度成文，而是成为大家约定俗成的一种文化。

比如规定男员工不能留长发，只能留短发，留发不留人，留人不留发。男士不能留胡须，身上不能有文身，不可以戴耳环，要穿长裤。在单位要穿皮鞋，不能穿拖鞋，也不能穿皮凉鞋，有孔的皮鞋都不能穿。而且严格意义上讲，穿扎绳子的、扎带子的皮鞋，才是一个中层经理的职业装。皮鞋的颜色一定是黑色的，不能是其他颜色，不能穿白皮鞋。老远就让人看到两只白皮鞋像两条大帆船一样地漂过来，那不是一个中层经理的形象。白皮鞋可以在打高尔夫，陪女朋友逛街的时候穿，但是上班时间要穿职业装。

女士同样有很多的规矩。女士在上班期间，或者面对领导、客户的时候，把长发盘起来。因为长发飘飘是一个女人温柔的象征，你在工作场合，长发轻轻一甩，对面的某个男士可能会怦然心动，这在工作场合不倡导。女士可以化一点淡妆，但是不要浓妆艳抹。你的香水再高档、再值钱，也要少弄一点，不能搞得香味四溢，五米开外就能闻到你的香味，就像蚊香一样。女士可以搞一点眼影，但是眼影要淡，不能搞得浓眉大眼，像两个松花蛋贴在脸上。女士可以戴耳环，但是耳环的大小也有规定，女士的耳环大小不能超过过去的一分人民币那么大。这些都是行为规则。

在团队里面，尤其是新员工来了，你作为管理者，有责任、有义务告诉他怎样做事情。他要适应，如果觉得不适应，就请掉头走人。每个公司、每个部门都有自己独特的一些小文化。

2. 心态规则

除了我们看得见的行为之外，心态规则也很重要。制定心态规则也是领导者的责任。领导者如果不制定员工的心态规则，不注意疏导，员工很容易出问题。

假设公司里面，有一个销售人员通过他的努力做了一笔销售，销售额是 1000 万元，公司的纯利润能挣到 100 万元，公司给当事人发 20 万元的奖金。但是当事人感觉给他发的 20 万元奖金太少，他就会旁敲侧击跟领导提。这时候领导如果很含糊，或者感觉到这件事情不值得去啰唆，就埋下祸根。接下来这个小伙子就可能在工作表现上有所变化，比如迟到、早退，在某些事情上懈怠，让他继续去做销售的时候，他表现得懒洋洋、积极性不高。其实他所有的这些行为都在暗示你：当初给我的 20 万元太少了，你的游戏规则要重新制定。

这时候假如做领导的还很迟钝，还是没有理解这个状况。有一天当事人有机会接触到 50 万元的公司的应收款，而且是现金的话，很可能导致一种不太好的状况发生——他先搁在他口袋里放一放，哪天你找到他再说，找不到就拉倒。现在我们国家的法律规定：5000 元以上，国有企业叫贪污，私有企业叫侵占，在理论上就可以立案，判刑，事情就比较麻烦。一旦搞成这样的结果，大家都不好。如果他把这 50 万元挪为已有，后果就很严重，他可能有牢狱之灾，最起码他在这个公司混不下去了。另外，对公司来讲损失很大，辛辛苦苦培养了这么多年，终于有一个人能够出来做单，最后居然是这样的下场，搞得大家不欢而散，公司损失也很大。

这个时候作为中层经理，要去扶正员工的心态，要跟员工讲清楚心态规则。当他有所反应的时候，就要去用合适的方式跟他讲明白。虽然他这个单创造了 100 万元的利润，但要明白，公司每年花在广告上的钱就有几千万，甚至上亿元，公司运作了那么多年，有几千名员工干活儿，公司是一台庞大的机器。很多客户都是认公司的品牌，才来跟我们发生交易，也就是说他做的事情实际上是按了一下按钮而已。假如他不来做这件事情，换了其他人来做，也许这 1000 万元的单照样做成，100 万元的利润照样到手，说不定比他做得还要好。他仅仅是这台庞大机器里的一个重要组成部分，按了一下按钮而已。按了一下按钮，公司给 20 万元，不少。

如果把这些道理给他讲透，当事人心里就非常明白，他就很容易想：我到其他单位干，这 1000 万元的销售能做成吗？我不在这个单位干，我自己做老板，100 万元的利润能挣到吗？公司给自己发了 20 万元的奖金，但是自己认为 20 万元的奖金太少，是有一点过分。

（三）如何留住员工

有的时候员工走掉，不欢而散，有能力的人都跑了，很大程度上并不是因为公司的待遇差，物质条件差，而是有些务虚的地方没有做到位。

一个好的员工在一个公司，在一个好的团队里面工作，他很看重几个因素。

第一个是公司未来的样子，他未来的样子。假如中层领导能够让员工明白，公司会越做越好，他在公司好好干，将来会很有出息，他就很愿意留下来。

第二个是公平的制度。比如拿薪水这个问题，假设一个主管拿了5000 元一个月，忽然主管发现下面有一个人拿 6000 元，而这个人是向主管汇报工作的。这时候主管心里很不舒服，这个制度实际上就有问题，这个主管就很容易走掉。

第三个是薪水的竞争性。我们希望员工的薪水有一定的竞争力，不至于比人家差就可以了。如果单位员工的薪水跟同行业比较，跟相同的区域内比较，远远比别人差，那是不可以的，薪水要有一定的竞争力。

第四个很重要的就是愉快的工作环境。如果中层经理老是哭丧着脸，一点笑容也没有，动不动就训人，发脾气，虽然拿的薪水还说得过去，但是在这样的环境中工作很不愉快，所以走人的概率会非常大。

员工流失，表面上看起来是公司待遇差，别人的待遇就一定比我们公司高吗？不见得，高不了多少。但是因为我们这四个方面没做好，没有让员工感觉到愉快，在制度的设计上没有处理好，或没有告诉员工未来可能会怎样，会导致员工的流失率提高。这些都是一些游戏规则，员工到部门来，我们作为管理者要告诉员工这些游戏规则。

同舟共济：一起营造安全感、归属感

团队的管理者还要让团队有凝聚力，就是让员工有安全感，有归属感。

安全感和归属感需要管理者来营造。营造归属感、安全感有很多办法。什么叫家庭的温暖感，什么叫团队的凝聚力，就是通过很细小的、很琐碎的一些事情体现出来的。团队建设、团队的凝聚力绝对不是一句空话，不是随便讲一讲就拉倒，也不是一定要花很多钱才能实现，有很多事情需要我们动脑筋。

当然团队的凝聚力、团队的温暖感是建立在团队成员努力完成任务的基础上，不要本末倒置。

有一些管理者或员工可能产生不太好的想法：以人为本，那你要对我好，这样才能留住我。有一些事情不要搞错，千万不要颠倒。

大连万达的高管跟我交流的时候，讲到他们的企业文化，三句话很有意思："万达是军队，万达是学校，万达是家庭。"这三句话几乎把团队建设该讲的话讲完了，很厉害。万达是军队，强调的是执行力；万达是学校，强调的是学习力，大家互相学习，向内部学习，向外界学习；万达是家庭，我们互相拥抱，我们互相知冷知暖，我们互相关心。但是要搞清楚，这三句是有顺序的，第一句是军队，第二句是学校，第三句是家庭。

作为一个组织，肯定有它的绩效目标、组织目标；作为一个组织，肯定要实现财富上的积累，利润上的追求。如果执行力、内部互相学习、积极向上的氛围都没有，然后简单地去强调我们是一个家庭，那是不全面的。

案例

北京有一家企业，也曾经做得很好，员工上班可以喝咖啡，有音乐茶座。旁边还有一个健身房，工作干得不顺心，可以去练练肱二头肌，非常人性化。在办公区居然还有这么多的辅助设施，让员工感觉很舒服。但是时间不长，咖啡、音乐、茶座没了，健身房关门了，因为有的员工上班的时候，在座位上才坐了五分钟，就跑到那边去练肱二头肌。活儿还没干完，就跑过去听音乐，这叫本末倒置。

企业中的团队首先要完成企业交办的任务，程序一定要搞对，而不能简单地要温暖，除了温暖啥都不要。今天不满足他的要求，就是不温暖，不答应他的条件，就是不人性化。不是那么一回事。

双管齐下：一手抓制度，一手抓文化

如何管理好自己的团队？要双管齐下。要带好一个团队，就得从两个角度去思考，一个角度是制度管理，一个角度是文化建设。

制度永远解决不了管理上的全部问题，而文化刚好是对制度管理的一个补充。

（一）从制度方面考虑问题

制度是针对大多数人在一些敏感的问题上，设立的一道分水岭。如果你这样做，我们喜欢，我们认可；如果你往那个方向做，我们不喜欢，我们不认可，而且你往那个方向做，我们会有制度对你进行惩罚。但是有很多事情，可能受众面并不是很广，只有对和大多数人有关系的事情，才有必要出台制度。只针对极少数人，没有必要出台制度。因为制度的成本很高，制度是对大多数人而言的，与大多数人的利益有关系。

（二）从文化角度管理员工

有关极少数人的利益就不能出台制度，极少数人犯了一点小错误，或者出现了我们不喜欢的、不欢迎的行为，那只有用文化来补充。

1. 如何对待老资格的同志

打一个比方，在团队里面，张三工作时间比较长，资格比较老，但是他是老油条，迟到、早退。大家一起打扫卫生的时候，他借故溜了，不参加大家打扫卫生的活动。而且更要命的是，人家不在的时候，他还喜欢翻人家的抽屉，他还喜欢用同事的杯子喝水，把自己私人的打的费用夹在公费里面报销。对这样的人，我们该怎么解决？无非从两个角度，一个是从制度的角度去解决，另一个是从文化的角度去解决。

这样一个人，如果只是简单、粗暴地把他干掉，不是一个好办法。通常新员工没有老油条的习惯，新员工不会犯这样的错误，但是当新员工长成老员工的时候，他往往会有这样的毛病，你把他干掉了，那是叫野火烧不尽，春风吹又生。所以简单地干掉不是一个好办法。

2. 制度的局限性

从制度角度思考，迟到、早退，我们的制度应该能管。那么在有关迟到早退的制度建设上公司是不是做得还不到位，是不是要加大力度？他居然把自己私人的打的费用夹在公费里面报销，这个好像是不可容忍的，但我们有制度可以解决。我在中华电力讲课的时候，它的高管就说得非常明白，如果有员工敢把私人的费用夹在公费里面报销，让公司为他个人买单，发现一个，立“斩”无疑。

剩下的还有三件事情，人家都在打扫卫生，他跑了，针对这件事情单独出台制度，好像不太合适。人家不在的时候翻人家的抽屉，这个好像没有相关的制度，如果这样一搞，那制度一间屋子也堆不下了。喜欢拿人家的杯子喝水，这个还出台制度吗？显而易见，这三个问题，好像都不太适合用制度解决，那只能靠文化解决。

3. 文化建设的手段：做培训

文化建设的一个重要手段，就是做培训。企业中的培训方式有很多，请外面老师来讲是一种培训，内部讲课也是培训。部门经理召集大家开会，谈论一个非工作上的问题，也是培训。其实培训的概念是非常广泛的。这个人身上有三个毛病，只能通过培训来解决。

比如把部门所有的人召集在一起，当事人也在场，部门经理讲："在座的各位，今天我们部门简单地开一个会，互相交流一下。话题很简单，最近有人喜欢拿人家的杯子喝水，我们讨论讨论看。张三你说说看，假如人家拿你的杯子喝水，你会怎么想？"张三腾地就站起来："谁敢拿我的杯子喝水，我用杯子砸断他的腿。""好，请坐。来，李四，你说说看，人家拿你的杯子喝水，你会怎么想？"李四腾地就站起来："谁敢拿我的杯子喝水，我用杯子砸他的头。""王五，你说说看，人家拿你的杯子喝水，你会怎么想？"王五腾地就站起来："敢拿我杯子喝水的，他简直就不是人。"

什么话都有了，其实有这种行为的当事人就坐在我们中间，而且你非常明白这个人是谁。最后说："既然这样，我们大家刚才讨论过了，都不倡导这种行为。那么在座的各位，我们每个人以后都不要随便拿人家的杯子喝水，大家同意吗？""同意。""有没有不同意的？""没有不同意的。"

这样做了以后，这个老兄还好意思再拿人家的杯子喝水吗？针对翻人家的抽屉或在大家都在打扫卫生时跑掉，你也搞这样的活动，搞过几次以后，他也不好意思了。他肯定会参加，融入进来。这就是培训的力量，这就是企业文化的力量。有的人说讲了也没有用，这个人老这样，他还拿人家的杯子喝水，那他可能要去看心理医生了。

也就是说，当员工出现了一些行为，你不倡导这种行为的时候，应该从两个角度上去思考，去想办法解决。

表 5-1　中层经理带领团队方法掌握分析表

你知道英雄和领袖的区别吗？	○是	○否
你知道中层领导干部应该做领袖还是英雄吗？	○是	○否
你知道员工与管理者的工作区别吗？	○是	○否
你知道怎样让员工忙起来，而不是让自己忙起来吗？	○是	○否
工作中，你是否会放手？	○是	○否
作为管理者，你是否向员工讲清楚企业、部门的游戏规则？	○是	○否
员工出现情绪反常时，你是否注意疏导？	○是	○否
你知道如何留住员工吗？	○是	○否
你知道如何避免员工流失吗？	○是	○否
你知道如何让员工有安全感，归属感吗？	○是	○否
你知道要管理好团队，应从哪几个角度考虑吗？	○是	○否

6

CHAPTER

第六章

中层经理如何辅导下属

东汉末年，三国争雄时，属诸葛亮最为多智，而其死后，蜀国也是衰弱得最快的。诸葛亮虽然识人，但是仅能做到识人善用。这才导致其死后，巴蜀之地营中无良将，帐下无谋士。

角色转换：做教练而不做警察

（一）教练员与运动员之间的关系

我们首先有一个概念，就是管理者要当教练，而不要去做警察。

1. 监工和警察的主要工作

在日常工作当中，我们很多管理者喜欢把自己当作一个监工，当作一个警察，来看管员工的行为。当监工就怕下面的人偷懒，监工就要看下面的员工做事情符不符合规范，所以要监督他们。你每天这么虎视眈眈地监督员工，他们心里肯定不好受，对立的情绪就会出现。有的人把自己当作警察，警察的职责是逮小偷，把下面的员工都当作小偷来看待。他们心里就会想：既然你把我当作小偷，那么我就跟你玩小偷与警察的游戏。你在的时候我就好好表现，如果你不在，那就是我们的日子。

2. 教练员的角色

其实，管理者跟被管理者、领导者跟被领导者之间不应该是完全对立的关系，如果仅仅是对立的关系，这个部门、这个团队肯定搞不好。我们倡导的是教练员跟运动员之间的关系。作为部门的经理，有职责、有义务帮助员工改善工作态度，提升能力，提高绩效。而员工也非常明白你是他的领导，是他的管理者，他有困难就会找你帮忙。教练员和运动员的根本目的是一致的。

案例

刘翔在2008年北京奥运会上没有跑起来，很多人都很伤心。通过电视画面，我们看到有一个人哭得特别伤心，就是他的教练孙海平。有的人讲印钞机坏了，所以他就哭得很伤心。这句话讲得有一点绝情。他们之间是利益共同体，这种关系是客观存在的。刘翔奥运会没有跑起来，他的广告收入就会下降。原先像耐克、可口可乐、联想笔记本电脑都找他做广告代言人，后来因为奥运会上没有跑起来，广告收入下降，从1200万元的单价降到300万元。

在单位里面，其实每一个中层经理跟员工的关系也应该像孙海平跟刘翔一样。

（二）减少敌对，增进认同

员工做出业绩，能力得到提升，工作绩效上来，管理者脸上也有荣光，而且他的绩效、报酬随之而来。所以，要减少敌对、增进认同。虽然教练对运动员也很严格，有的时候管理方式可能也很粗暴。但是运动员非常明白师父是为他好，师父要求他这样做，是希望他出成绩，他有这样的想法后，就不存在敌对的关系了。我们倡导管理者与员工之间，也应该是这种一荣俱荣、一损俱损、紧密联合的利益体。

灌输数字：修“路”而不是修“人”

教练辅导运动员，不是简单地说我认真、我负责、我严管教，然后就能出成绩，有的时候教练要动脑筋。作为管理者要想一想这样教他行不行，教学手段是不是可以优化一点。有的时候，管理工具、辅导方式、辅导手段也要与时俱进，要优化。

（一）员工为什么教不会？

1. 修“路”比修“人”容易

过去企业里面，管理者不断地跟员工说：随手关灯关水，注意不要浪费。作为管理者，不断地要求员工要符合规范。但是老这样盯着，非常累，长明灯还是存在，长流水依然长流。这时候有好事者发明了一种感应灯，人来了一说话，一有声音，灯就亮了，人走了，在一分钟之内没有声音，灯就自动关掉。感应的水龙头，手伸过去就有水出来，手离开，马上水就没有了。有了感应水龙头以后，还用得着我们天天苦口婆心地跟员工讲要节约能源吗？不用了。

所以，我们是不是可以想出一个方法，搞出一个什么感应灯、感应水龙头，使员工的行为达到要求、符合规范，同时自己省心省力，不用那么苦口婆心。这叫“修路”而不是“修人”。

2. 反省自己的管理方法

管理者跟员工讲：走路小心，不要摔跤。有一个员工在这条道上摔倒了，你批评他以后，第二个员工走到这条道上，在同样的地点又摔倒了。管理者就应该反省是不是自己管教的方式有问题，或者说本身这个载体、这条路就有问题。我们怎么提高效率，怎么让员工学会以最快的方式达到所要求的规范，这就是管理者要反思的问题，而不是简单地管人。

案例

学做菜，很显然学西餐要容易一点，学中餐就很困难，没有个三年时间，想烧出好菜可能性不大。但是西餐就不一样，如何炸出符合品质的薯条，它的流程、方法、管理手段，也就是辅导的手段非常优化，每一道程序说得很清楚，而且尽可能把每一道程序都用数字表现出来。

首先你要准备好一个炸篮，把薯条半成品或原料放到炸篮里，然后去看油温，当油温升到220℃的时候，就把炸篮放到油里面。两分半钟以后，记得把炸篮提起来。提起来以后，来回地晃五次，只能五次，不能多也不能少。晃完五次以后，再把炸篮放到油里面，两分半钟后把它提上来。将薯条从这个器皿倒到另外一个器皿，来回倒四次，薯条就炸成功了。

在辅导一个员工炸好薯条的时候，程序非常鲜明，而且它的数量化非常明显，来回只能晃五次，油温是220℃，时间是两分半钟，往器皿里来回倒四次。

而我们中餐就不大好弄了。教一个徒弟，比如油温，看油冒烟了就可以放菜，油到底要冒多大的烟才算好，不好说。在做菜的时候，比如炒土豆丝，一个厨师今天炒的味道跟昨天炒的味道，还有明天炒的味道，肯定是有差别的。这里面还有问题，他炒土豆丝免不了要放盐，盐少许，味精适量。什么叫少许，什么叫适量？没有数字化，只能靠员工或当事人自己去琢磨。聪明一点的人琢磨得很快，慢一点的人就很糟糕。

作为管理者，在管员工的时候，要尽可能把辅导的手段进行优化，优化到每一个程序都非常清晰，都用数量词把它表现出来。雷打不动地，员工按照这个套路去做就可以了。

（二）主学西医，兼学中医

同样的道理，西医跟中医也是这样。

1. 西医的简易工作流程

上西医去看病往往比较快。到大夫那儿去，大夫问你哪儿不舒服，你告诉他哪儿不舒服，他立即开单子，让你去化验。又是验血，又是验这个，又是验那个，然后做 CT、做核磁共振。一套全部做完以后，大夫只要看一大堆的化验报告，就能马上给你开药。药品名还不用他记，西医办公桌上都有电脑。他把电脑打开，针对你的检测报告里的数据，他一调动，所有的药全部出来了。他把药品开给你，你拿单子去取药、付钱就成功了。

西医门诊的医生的工作流程就像我们在高速公路上开车的时候缴费一样，把钱交给工作人员，工作性质差不多。他只要看一下检测报告，其他不用动脑筋。西医医生在手术台上，在病人肚子上划一下，然后在里边缝缝补补，也有一套程序，当然这个要复杂一点。

2. 难以数量化的中医

而中医就不一样，中医无法量化，中医讲究望闻问切。望闻问切值得人琢磨一辈子。所以中医都是胡子长到胸前的时候才是一个好中医，如果他的胡子长不到胸前，我们认为他还在学中医，千万不能给他当试验品。因为望闻问切没有量化，所以他就必须去琢磨，这一琢磨差不多就一辈子。中医的药品也是五花八门、稀奇古怪，配方也匪夷所思、变幻莫测，也需要一个人花一辈子的心血研究。

那么，我们现在教员工，到底是用西医的方式教，还是用中医的方式教？这就需要我们研究。我们当然倡导用西医的方式去教，告诉他数量，告诉他按照这个程序做，而不是让他去意会，他意会不出来的。

（三）消灭形容词

有人说，中国的文化、中国的精髓就是只可意会不可言传，这是西方人对我们中国人搞不懂的原因。我们中国人很聪明，我们学老外一学就会，但是老外学我们中国是学不会的，他搞不懂。最简单的像中国文学，“枯藤老树昏鸦，小桥流水人家，古道西风瘦马，夕阳西下，断肠人在天涯”，28 个字描绘得很清楚。让老外翻译，恐怕 280 字都翻译不到位，这就是中国文化的底蕴。

有的领导在跟员工说话的时候加一大堆形容词，让员工去意会。而我们认为，在管理员工、辅导下属的时候，千万不可以加很多形容词，让他去琢磨，而应该是格式化、程序化、数量化，员工就能很快掌握你所希望的那种技能。

聚焦绩效：多谈行为，少下结论

我们希望的结果是聚焦绩效，多谈行为，少下结论。希望员工把事情做好，那么就事谈事，不要扯太远，说一些不着边际的话，尤其不要轻易地下一些结论。结论性的语言是画蛇添足，很容易加上去的。

（一）你太懒了

比如：“小王，这个星期你迟到三次了，你也太懒惰了。”在这句话中，迟到三次就是行为，太懒惰就是结论。而太懒惰这个结论，当事人肯定不接受，因为这是你一厢情愿的判断。你认为他迟到三次，肯定在家睡懒觉，睡懒觉就太懒惰。你是这样推测的，而小王跟你讲的是：“王主任，我怎么懒惰了？我这个星期每天晚上加班都加到 12 点。”

（二）你这个人真自私

作为一个管理者，就事谈事，有利于事情的解决。而如果画蛇添足，搞出什么结论，反而会把事情搞糟糕。比如：“小李，昨天大家都在加班打扫卫生，你却一个人溜了。你这个人真自私。”小李一听肯定不服气，跳起来跟你讲：“王主任，我怎么就自私了，我跟你相比还自私吗？哪年哪年发大水捐款的时候，我捐了 50 元，你才捐了 5 元，谁自私？去年冬天我们去慰问五保户，我捐了一件棉大衣，你才捐了一条裤头，谁自私？”这件事情就搞不清楚了。为了能够把事情解决，我们建议只谈行为，不下结论。只谈行为是对人的尊重。

（三）你这个人喜欢惹是生非

在工作中，我们很多人都容易下这样的结论，“老赵，人家说你惹是生非，我看还真是的。你看你这个星期跟人家吵架已经吵过两回了”。这句话中，吵架吵过两回是行为，结论是惹是生非。老赵本来不想吵架的，看来还得跟你吵一回。

（四）你是能力不行还是态度不行

“小田，你这张表格里搞错了两个地方，你是能力不行还是态度不行？”这句话看起来很幽默，很有水平，但是是有问题的。小田在这张表格里搞错了两个地方，这是行为，结论却是他能力不行或态度不行，而且让小田做选择题。

（五）你是不是不愿意在这儿干了

有时候，这句话一讲出来就完了。“小钱，你是不是不愿意在我这个部门干了？我看你做事情老是拖后腿，这件事情怎么又没完成？”此话一讲，小钱还能不能在你部门待下去，恐怕就是一个问题。所以结论性的语言不要讲。

抓住关键：重视什么，就得到什么

另外，我们一定要善于抓住关键。在绩效考核中，有一个词叫“KPI关键指标”，也就是涉及绩效的关键点，这是我们要抓的。你重视什么，就会得到什么。管理人员一定要明白，你希望员工做出什么样的行为，你就一定要重视那个行为。有的时候可能会有偏差，如你重视了一个你不该重视的东西，你的员工就相应地做出反应，做出了那些你并不很重视的，你不是很需要的行为，这是很麻烦的。

案例

在美国监狱里面曾经有一个罪犯，一个媒体人去采访这个罪犯，问他：“你为什么会成为一个罪犯呢？”这个罪犯就讲：“我今天之所以入狱，和小时候的一个苹果有关系。”

“怎么会和小时候的苹果有关系呢？”

“我有弟兄三个，我是老大，还有两个弟弟。有一天我的妈妈从外面带回了三个苹果，一个苹果又大又红，另外一个苹果次之，最后一个苹果又小又黑。我的妈妈说，你们弟兄三个就这三个苹果，谁吃那个又大又红的？妈妈制定了一个游戏规则。门口有一片草地，根据我们的能力，她给我们划分一个范围，谁能够把工作完成得又快又好，谁就吃又大又红的苹果，第二名吃第二个苹果，工作干得最不好的人吃又小又黑的苹果。妈妈讲完后，我们弟兄三个就去干活儿。干着干着，小弟弟跑回来，一把抢住那个又大又红的苹果就想吃。妈妈就教训他，既然我们制定了游戏规则，你就不可以这样，回去继续干活儿。最小的弟弟被妈妈一训斥，继续回去干活儿。三个人干完活儿回来，妈妈讲，刚才小弟弟干活儿干到中间跑回来，一把抢住那个又大又红的苹果，这是很没有道理的。针对你这样的行为，今天无论如何这个又大又红的苹果是不会给你吃的，因为你在中间犯了错误。既然制定了游戏规则，你就得执行，站到旁边去。接下来她叫老二过来，问他现在这三个苹果让他选的话，他想选择哪一个？老二说他肯定选又大又红的，妈妈一听脸色突然变化，说你们弟兄三个要学会谦让，你怎么可以自己想要什么就脱口而出？最后她叫我过去，让我选，我肯定选又小又黑的，因为我是老大，要把好的东西给弟弟们享受。妈妈一听，说‘你才是我的好儿子’，无论如何我要奖励老大，这个又大又红的苹果你拿去。”

这个劳改犯说，自己就是当年那个老大，因为他说了假话，得到了又大又红的苹果。然后他就明白了：想要什么东西，可以用欺骗手段获得。最后他在欺骗的道路上越走越远，终于有一天走到监狱里面。

这个老大成为劳改犯，他的妈妈是有责任的，而且责任重大。她当初就助长了老大说假话的毛病，她帮老大开了一个头，让老大知道说假话的好处。老大就知道可以用欺骗的手段获得自己想要的东西。在企业管理当中，有的时候管理者一不小心，重心发生偏移，员工就会迎合这种偏移，而这种行为又不是管理者想要的。

案例

曾经有个企业的老板，有一段时间，他发现下午5点钟，到了下班时间了，公司里面还有一些人在默默地工作，不计报酬加班。老板很感动地说：“我不能辜负这些人。”接下来，他就出台了一个政策：以后在公司加班的，凡是加班到7点的，每个人发200元加班费。到了7点以后，因为公司的班车没了，你可以打的回家，打的回家的费用由公司来承担。

老板的出发点是好的，他心地善良。但是过了两个月，老板就发现，加班的人越来越多，而公司的整体绩效并没有明显提升。老板明白了，不应该重视加班这种形式，而应该重视他们每天完成的真正的绩效。如果员工的绩效完成了，他是不希望他们加班的。如果员工的绩效老是没完成，他加班继续完成他的绩效，而其他人早就完成了，就是这个人的能力有问题。

管理者在辅导下属、提高下属工作能力的时候，要明白眼睛盯在哪里，员工就会在哪里发生反应。所以我们倡导：你想要什么结果，就去重视什么，千万不要发生偏移。这实际上就是绩效中的关键指标。

目标管理：让下属进步最快的有效手段

现在很多企业都在做目标管理，只不过做的方式可能有待完善。不搞目标管理，员工就看不到方向，他们就糊里糊涂做事情，容易懈怠下来，甚至可能做出匪夷所思的事情。

（一）什么叫目标管理

目标管理就是告诉员工一个方向：这个月努力的目标是什么。比如大街上有一个小偷在前面狂跑，后面有个警察在后面狂追。小偷心里想：自从我出道当小偷以来，还没有哪个警察能够逮住我。警察心里也想：自从我出道当警察以来，还没有哪个小偷能够逃脱我的手掌。

终于警察逮住了小偷，小偷一屁股坐在地上说：“这回不算。假如你在前面跑，我在后面追，我肯定能追上你，不相信你试试看。”警察一听，试试就试试，警察就往那个方向跑，小偷往另一个方向逃。

在这个问题上，警察实际上犯了一个错误，他搞不清楚自己的目标在哪里：你究竟是抓小偷还是跟小偷赛跑？

（二）怎么做目标管理

1. 要有阶段性

目标管理的制定通常是一个阶段，有一个月，也有二十天、一个季度。就是告诉员工在这一个阶段他要做哪些事情，和这些事情没有关联的少做，甚至不做。

2. 考核要素五到八项

目标绩效管理考核的要素建议少，不要多，通常五到八项就可以。项目里可以细分，是由“KPI 关键指标”和“KCI 行为指标”衍生出来的，一个是结果，一个是过程的控制点，总共不要超过八项。比如不迟到、不早退不要纳入绩效考核的范畴，这是员工该做的事情。

3. 让员工填写绩效考核表

而目标绩效考核表是一台照妖镜，是一盏探照灯，任何一个管理者一定要会使用，任何一个企业都一定要用。作为中层经理，在你的部门更要用。

它是探照灯、照妖镜，因为一到月底，你让你的员工填一份绩效考核表，你就仔细对照他这个月当中做了什么事情，一比，清清楚楚。

4. 考核指标必须是重要的事情

有的人混日子，他这张表单就不太好填。有的企业的员工在表单上填：这个月总共参加了 22 次晨会。把参加晨会作为一个要素填在绩效考核表里，可见这个人没做什么事情，已经找不到东西往上写。

还有一些人写的是：协助相关部门完成相关事情。KPI 指标或绩效考核指标，总共就那么五到八项，他居然填出这项，可见他这个月没干什么事，没干出什么拿得出手、搬得上台面的事情。协助相关部门完成相关事情，无非是技术部跟他要某人的电话号码，或另一个部门的人跟他要了一张表单，他给他，这也算协助。“KPI 指标”或绩效考核指标是指拿得出手的重要的事情，是说得出来的，很明确的。协助人力资源部完成新岗位的设计，这就是拿得出手的、讲得出口的事情。

5. 让员工自己制定目标

我们在给员工制定工作目标的时候，尤其要注意一点：让员工自己讲出来，让员工自己认可他的工作目标。中国人讲究一点：一言既出，驷马难追，君子无戏言，说话要算数。过去有一些管理者喜欢下指令：“张三，你这个月做300，李四，你做500，赵六，你做600。”问题是即使指令下达了，他不一定能够完成。而且他不完成，心理上并没有太受刺激，因为指令是领导下的。我们提倡的指令是由员工自己承诺的。

案例

“张三，你这个月打算做多少？”“200万，开什么玩笑？人家都做400万了，你还做200万？”“那我做240万。”“240万，人家做400万了，你还好意思讲240万？”“那我250万。”“你还真是个250。”“不行我就做280万。”“好，280万是你讲的，大家都听见了，你做280万。”这就是承诺。让他自己讲出来做280万，到时候他后悔都来不及。而且到了月底，他做不到280万，自己就会很愧疚。所以他会有意识地努力去做，承诺是金。

西方的男女结婚是在教堂里面，神父会问：“史密斯，你爱戴安娜吗？”“爱。”“不管贫穷与富贵，你永远爱着戴安娜吗？”“是的。”“不管疾病与健康，你永远爱着戴安娜吗？”“是的。”一句话，他把它剖得很细，然后让对方大声地承诺。承诺了以后，你要为自己发表的言论负责，下面你就好好地，不要再有其他想法了，跟着戴安娜过一辈子吧。而且承诺不够，还要给他戴个戒指。那个戒指的意思就是套牢，不让他有其他想法，还要搞一颗钻石上去，套得更牢。承诺以后，后悔的成本就很高。

我们中国的青年男女结婚的时候大操大办，那更是一种公开的承诺，把亲戚朋友、有关系的都请过来，大家喝喜酒。在这么多人的见证下，王小明和李莉两个人结婚了。结婚以后，两个人肯定要吵架，吵架以后说“不过了，离婚”。有那么容易吗？那么多人都吃过你们的喜酒，你们离婚就能离吗？相比之下，那些没有大操大办，偷偷结婚的人，领个证就住在一起，离婚的概率会非常高。因为他们的离婚成本很低，其他人都不知道，就俩人住在一起。他们吵架，不高兴，就说“不过了，离婚”。离就离，谁怕谁！两个人拿着个证，就走掉，反正亲戚朋友都不知道。

同样，我们在管理员工的时候，要增加他的成本，尤其是心理负担。也就是他这 280 万，如果做不到位，以后在公司就不好意思做人，这个成本就很高，所以他拼老命也得把 280 万完成。

迫使进化：追求快乐，逃避痛苦

在辅导下属，提升下属工作能力的时候，还有一个很重要的原则，就是希望他达到什么状态，设计一个游戏规则。如果他达到了那个状态，就很快乐。如果他不能达到你要求的状态，就很痛苦。

（一）人性的特点

人的本性就是趋乐避苦，每个人的本性都是这样，追求快乐，逃避痛苦。我们在管理员工的时候，也是从人性出发，你按照我的要求去做，快乐很多；如果你不按照我的要求去做，痛苦加大。按照这个原则为他设计他的工作内容，他的游戏规则。趋乐避苦是人的本性，尤其在两种痛苦之间，他会选择更小一点的痛苦。

案例

过去，有个企业倒闭了，中层经理张科长下岗了。有的人劝他说："你做点小生意吧，摆个地摊啥的，好歹日子还过得下去。"张科长说："我好歹也是个科长，有头有脸的人，你叫我去摆地摊，我不干。"偏偏就在那一年，他唯一的儿子考上了大学，要一笔费用。在这样的情况下，张科长决定去摆地摊。如果他的儿子上不成大学，对他来说是很痛苦的，他去摆地摊也是很痛苦的。而这两种痛苦相较而言，唯一的儿子上不了大学的痛苦就非常大。两害相权取其轻，这时候他就选择更小一点的痛苦。

我们在管理员工的时候也是这个情况，其实你可以用发散思维或头脑风暴法。

案例

我们希望张三今天晚上加班，怎么能够让张三今天晚上加班，实现工作计划、完成工作任务呢？这时候我们作为管理者就制定游戏规则，一边是如果他留下来加班，让他快乐大大的，另一边是如果他不加班，让他痛苦大大的。于是我们开始胡说八道。有的人说："张三，只要你今天晚上加班，你的工资马上翻一番。"张三一听，肯定乐意。有的人说："张三，只要你今天晚上来加班，明天开始放你一个月的假，薪水一分不少。"这也是快乐大大的，都是在加大他的快乐。这是在快乐上做文章，把快乐做得大大的。

相反，如果张三不来加班，我们就让他痛苦大大的，往反面想。有的人说："张三，如果你今天晚上不来加班，你明天就不用来上班了，公司提前解雇你。"这很痛苦。有的人说："张三，如果你今天不来加班，你的年终奖金就会被取消。"这也很痛苦。有的人说："张三，如果你今天不来加班，接下来我们会把你调到边穷地区，去做一线的销售人员。"这也很痛苦。

总之，把快乐的事情想好，再把痛苦的事情想好，让当事人自己做选择。通常情况下，员工就会按照我们的要求和期望实现我们的目标。

案例

东南亚有一个减肥中心，很多胖子都去那里减肥。这个减肥中心的生意非常好，因为它承诺在 15 天之内，如果减掉 10 公斤肉，客户要交两万美金，如果减不了，一分不少地全部退回来。

有个胖子来了，把两万美金往柜台一放。服务生说："先生，你是来减肥的吗？""是的。""这两万美金我们先收下。15 天之后，如果您减掉 10 公斤肉，我们会收下。如果 15 天之后，您没有减掉 10 公斤肉，我们会一分不少地全部退给您。"胖子说："我知道。""好，先生请进 1 号门。"胖子就从 1 号门进去了，刚刚坐下来，进来一个美女，非常漂亮。胖子看到美女，不知道自己姓什么了。美女跟胖子讲："先生，从明天开始，我就是你的减肥教练。"

胖子一听心花怒放，当然很高兴。"先生，是这样的。明天我在前面跑，你在后边追，如果你追上我了，我就是你的了。"胖子一听，太好了，减肥还能减出副产品，那两万美金见鬼去吧。减得了减不了再说，把美女追到手，成就一辈子的大事。第二天美女在前面跑，胖子在后面追。谁知道这个美女是长跑运动员。胖子在后面看着那个美丽的身影，心中浮现无限的希望。他拼命地追，而每次即将要扑到，美女就像兔子一样，跑掉了。

白天追不成，晚上胖子就在床上想方案、做计划，只恨晚上的时间太长，恨不得一天24小时都是白天，对他来讲就有机会。他白天抓紧每分每秒追美女，晚上不断做计划，不断地调整方案、想办法。不知不觉15天过去了，到了最后一天，胖子想：我今天无论如何要把美女追到手，因为这是上帝给我的最后一次机会。根据经验，我刚开始不能跑得很快，我应该慢一点。当我的距离和她的距离靠得最近的时候，我猛一发力，把她抓住，这个美女就是我的了。然后他开始慢慢跑，美女在前面跑。正想发力的时候，美女突然转过身来。“停，停，停，15天时间到，请你上秤。”胖子很不情愿地往秤上去一称，10公斤肉掉得光光。两万美金，减肥中心一分不少地全部收下。

减肥的目的实现了。在实现目标的过程中，胖子非常快乐，只恨白天时间少，晚上时间太长，根本没有时间去考虑自己痛不痛苦，每分每秒都是热情洋溢、激情澎湃地去做那件事情，一点也不感觉痛苦，这就叫快乐的进化。

其实在工作当中，有的时候我们也要考虑怎么能够让员工很愉快地去做事情。有的时候说男女搭配，工作不累，这是有道理的。你叫小王说：“小王，你去把那个事情干好。”小王愁眉苦脸的：“又叫我去干，怎么老让我去干呢？”“小王，你不去干，行，我们公司那个美女跟谁一起去干。”小王马上变了脸色：“我去，我去。”美女当前，他还表现出自己很能干，啥事情都不用美女操心，这就叫快乐的进化。

痛苦的进化可以让人崩溃。

案例

胖子花了两万美金，肥是减掉了，但是回头想想还是不甘心，因为美女没有追到手。他又拼拼凑凑搞了两万美金，跑到减肥中心，把两万美金往桌上一放，还要减肥。服务生一听：“先生，您又来了？”“我又来了，还要减。”“好，先生，两万美金放在这里。如果15天之后，您再减掉10公斤肉，我们一分不少收下。如果减不了，一分不少还给您。”

胖子想这一次无论如何要把美女追到手。“先生，您进2号门。”门换了，胖子进了2号门，坐下时间不长，进来一个五大三粗的汉子，满脸的横肉，浑身长满毛。胖子一看，怎么人换了呢？毛茸茸的家伙跟他介绍：“明天开始我就是你的减肥教练。”胖子一听愣住了，教练换了。那人补充一下：“我是同性恋俱乐部的成员，我每天都在寻找我的知心爱人。明天你在前面跑，我在后边追，如果我追上你了，你就是我的了。”胖子一听，完蛋了，同性恋把我看上了。但是没办法，两万美金已经交了，要遵守人家的游戏规则。

第二天胖子在前面跑，同性恋在后面追。他跑在前面，看不到目标的时候，那是很痛苦的。跑着跑着，正想坐下来歇一歇的时候，同性恋毛茸茸的手就伸过来，你马上就是我的了。胖子心里想：与其是你的，还不如让我去死；与其去死，还不如跑。好死不如赖活，算了吧，我还是跑吧。然后他撒腿就跑，白天就这样很被动、很痛苦地被同性恋追，追得疲惫不堪。胖子晚上回到房间里，只恨晚上的时间太短，恨不得一天 24 小时都是黑夜。他晚上也睡不着，老是噩梦连连，眼睛刚刚闭上，就梦见同性恋毛茸茸的手伸过来，睡不好。

一个人白天极端恐惧，晚上噩梦连连，按照正常的生理规律，他的体重很快就会下降。好不容易到了第 15 天，同性恋跟他讲：“先生，15 天时间到，请你上秤。”这个胖子一听 15 天时间到，赶快往秤上爬，爬上去之后号啕大哭，终于解放了。秤上一称，10 公斤肉掉得光光。第二个阶段的减肥目标也实现了，但他非常痛苦，度日如年。

（二）在痛与快乐的边缘游走

我们在要求员工达到期望值，希望员工的工作能力提升，工作态度改善，工作绩效提高的时候，目标就已经制定了。为了达到这个目标，中层经理就不断地想，怎么才能让他的快乐加大，达到我的目标，如果他不达到我的目标，那就把他的痛苦加大。

下属的素质差，不是中层领导的错，但是不能提升下属的素质，那就是你的错。很多管理者不乐意，他们心里有一种想法：教会了徒弟，饿死了师父。他们不愿意教下属。在这样的情况下，我们就可以采用这种方式。

如果人力资源部规定：部门的员工流失一个，部门经理的薪水就被扣掉500元，也就是公司希望这个部门的员工能够正常地在公司里存活下来，或者希望他们在公司里继续发挥效用，这样也许可以降低员工的流失率。因为研究发现：员工的流失跟部门经理有非常大的关系。作为部门经理，在员工的心目中，你就是企业，你心情不好，瞎骂人，你做得不到位，员工就感觉到这个公司没啥干头，马上走人。所以员工的流失不是人力资源部做得不到位，当然人力资源部有它的问题，但是直属职能部门的经理是一线员工流失的最大责任者。

在这个时候，我们制定一条可能带来痛苦的规定，只要部门有员工流失，扣部门经理500元。如果一年下来，员工流失率很低，不超过10%，稳定率超过80%，给部门经理发2000元或3000元奖金，这实际上就是痛苦+快乐法则。如果你的部门不断地有人走掉，不断地扣你500元，就是想告诉你：公司非常在乎你部门的一线员工，你不要随随便便得罪他们。所以你要做教练，教他们如何把事情做好，而不是简单地训斥。

从另外一个角度看，中层经理在单位里有责任和义务培养接班人。有句古话：“不孝有三，无后为大。”在企业里，中层经理怎么对领导有个交代，很重要的一点就是培养接班人。如果你把接班人都培养成和你一样棒，你才有资格申请高一级的岗位。如果你一直自己一枝独秀，部门缺了你不行，你就没有做到公司的副总或更高一级岗位的机会了。

表 6-1　中层经理辅导下属方法掌握分析表

你是否习惯把自己当作一个监工或警察？	○是	○否
你是否觉得自己有责任、有义务帮助员工改善工作态度，提升工作能力，提高绩效？	○是	○否
员工做出业绩，能力得到提升，工作绩效提高，你是否很嫉妒？	○是	○否
在工作中，你是否经常反省自己的管理方法？	○是	○否
你在教员工技能时，是否做到格式化、程序化、数量化？	○是	○否
你是否是让员工自己制定目标？	○是	○否
你是否让员工填写绩效考核表，然后自己进行比对？	○是	○否
在跟员工谈事情的时候，你是不是轻易给员工下结论？	○是	○否
你是不是很善于做目标管理？	○是	○否
为了让员工达到目标，你是否尝试让他的快乐加大？	○是	○否
你知道让员工自己制定目标存什么好处吗？	○是	○否
你知道考核要素一般有几项？	○是	○否
你知道如果不搞目标绩效管理会有哪些不好的影响吗？	○是	○否
你是否知道应该重视什么？	○是	○否

CHAPTER 7

第七章

中层经理实际工作案例

本章案例涵盖了企业中层经理在平时的管理中所能遇到的各方面的问题。案例本身具有代表性，参考意见更是举一反三，极具启发。

这样的经理能用吗？

公司需要招聘一位业务部门经理，开出较高待遇。我作为公司总经理，看中了一位应聘者，他的简历中辉煌的经历一大堆，从事过的职业也不错，从人力资源经理、市场经理一直干到总裁助理。我相信这个应聘者的经历和资历，也相信他所学过的知识，更对他的能力深信不疑，但他和我的一番对话改变了我的主意。

对话摘录如下（A: 代表我；B: 代表应聘者）：

A:“现在全世界涉及管理学的著作堆在一起，真是太多了。一个人从生下来到读完这些书要多少年，这些理论对企业家工作的指导效用又有多少，恐怕全世界没有一个人说得清。但另一方面，大学的管理系照样开得热火朝天，莘莘学子照样趋之若鹜，企业每天在生生死死，你是怎样看这个问题的？”

B:“学者研究是学术问题，大学教育是办学问题，学生学习是就业问题。您需要中高层管理者，我来应聘。只要谈得来，待遇合适，我们就能成交。我相信自己的能力一定应付得了。”

A:“我看了你的简历，确实很不错，经验也有，学识也不错，业绩也说得过去。为什么选择我们公司？”

B:“我来之前看了贵公司的网站，也从侧面详细地了解了您的一些情况，我觉得在您手下工作一定会很好，也能发挥我的特长。至于我离开那家公司，是因为我和老总的关系紧张。”

A:“能具体说说吗？我看你的表现很不错呢。”

B:“那家公司的老总文化层次不高，我在下面干的时候还不觉得，可是直接在他手下工作就有问题了。他理解不了我的思想，他对管理理论一无所知，一个人说了算，独断专行，对我的方案多次置之不理，我感到很憋屈。”

A:“我们公司其实也差不多。你工作过不少公司，大概有五六家了，这几家公司的情况如何？”

B:“那几家公司的老总水平更差，每天只知道赚钱，亲自跑市场，每周开会没完没了，我适应不了。”

A：“可是我们公司也是这样的呀。你准备如何改变这种状况？”

B:“如果我来，首先要改革公司制度，从老总抓起，亲自搞好员工培训，让一切顺理成章。你们老总天天等着享福就行了，我能搞定这一切。”

A:“你们那个公司每月给你开的工资也不低，你觉得在我们这里享受什么样的待遇比较合适？”

B:“当然不能低于那家公司，能高出 20% 就比较满意，年终能拿红包最好。”

A:“这个不成问题，只要业绩突出就好。”

B:“但是我有一个小小的请求，您愿意另外支付给我一部分钱吗？我可以把我在这几家公司积累的档案和客户资料给贵公司，这样你们会少走弯路。我想这是公平的。”

A:(略沉思)“这样恐怕不合适吧，尽管你提供的是我们急于知道的。”

B:“我愿意为贵公司贡献这些，实在不能先给我钱，也可以在我的业绩中补贴，以实际效益说话，这样可以吗？”

A:“我考虑一下吧。今天先到这里，我会让人事部通知你。”送走应聘者，我在他的应聘表上打了一个大大的叉，交给了人事部经理。我处理得对吗?

参考意见：

意见一：这样无德的人还是不用的好。高层领导要德才兼备，才能带好一个团队。一切向钱太吓人了，为了钱他什么事都能干出来。君子爱财取之有道，他不一定是君子，别像三国里的董卓用吕布一样，太惨了!

意见二：他与老板或上司的沟通存在问题。今天他出卖前任老板，明天他会从你这儿带走更多资源。所以你的做法是对的。

意见三：显然他的人品有点问题，即使他能给你带来很好的业绩，但是你能保证他以后不出卖你的公司吗？但是客户资源比较珍贵，应该想个两全其美的办法，用了他的资源而不用他的人。

意见四：值得赞赏的是，这家伙挺直率——安全。

吕布能当部门经理吗？
听说他有三个爸爸……
吕布
曹操
刘备

升谁做总经理

Z公司经过不到10年的奋斗，已经在行业内颇有影响。公司还准备在未来几年里上市。公司的几位董事一边为公司日益壮大而欣慰，一边也在为自己几近60岁而需要合适的接班人而暗暗费神。

接班人的主要焦点放在公司内部的三位候选人身上：A、B、C。

A和B是8年前同时招进公司的人才，都是大专毕业。经过自身的努力和不断进步，目前两人均为公司副总，A负责市场营销，B负责行政及采购。而C是3年前从竞争对手处挖过来的研发能力很强的一位经理（本科毕业），他去年感觉自己在待遇上与自己的贡献（产品畅销）不对等，闹过情绪提出辞职，后来在董事的挽留下作罢了，不过也将他晋升为负责研发的副总经理。

负责市场营销的A副总行事大胆果断、雷厉风行，市场部在他的带领下颇有成效，订单源源不断。但明显不足的是，在A的眼中客户和订单是天下第一大事，其他可以忽略不计。所以在A管理下的市场部，经常有些业务能力较好却违反厂规（如上班看报纸、吃零食）的人，他们都被A认为是小事一桩而轻轻带过。同时，A的本位主义比较严重，不喜欢听到别的部门投诉本部门的一些问题，对于其他副总的建议也只是一笑置之……

负责行政管理工作的B副总属于温和式管理，讲究人性化，沟通能力极强，在处理事情上往往会咨询相关的意见后稳步推进。不过他有时候给人感觉不够干练，事情虽办得成功，用的时间却相对较长。

负责研发的C副总是典型的钻研技术型的人物，平时话不多，整天都是皱着眉头在想自己的创意。每当完成一项精心之作，他会将设计部的所有同事请去酒楼喝上一杯。C平时参与公司流程运作的机会不多，管理层的多数人通过了，他往往说我没意见。

赵董事和钱董事认为："从资历、性格及处事的稳重，选择B为总经理会是个不错的结果，何况他的沟通能力和人缘是大家公认的。"

话还没有说完，孙董事马上反对："不不不，我不这样认为！公司要生存、要发展，市场和顾客是第一！没有市场就什么都没有，我个人认为A是最好的人选！"

赵董事接着说："很多公司都注重德为先哦，我们……""每个公司有每个公司的不同。能力为先……"孙董事很认真地说道。

难！难！难！到底该升哪位做总经理呢？

参考意见：

意见一：

1.A、B暂时都不适合做总经理，必须与他们充分沟通，指出他们存在的弱势，并给予一定时间，进行考察后再行决定。想想韦尔奇选接班人的故事，花了十年以上的时间呀！

2.C可多做沟通，从薪水等角度进行挽留。

3. 实在不行，可以考虑从外面聘请能人。

意见二：是否真的必须在 A、B、C 中选择呢？既然三者都没有达到总经理的任职要求，干吗要勉强呢？还是尝试从外边找人吧。但是，在找人之前也可以先对三者进行评核，提出要求，再开展其他的工作！

选择总经理就这么简单？那样的话，进入 500 强太简单了。每个企业的情况不一样，发展战略不同，行业不同，性质不同，企业的追求也不同。有的注重短期利益，有的注重长期利益。不同的时期执行不同的战略，需要不同的老总。企业老总的个人习惯、素质、观点会直接影响到企业发展。新的老总的观点与企业以前的企业文化不统一，这样的老总能用吗？

意见三：如果非要从内部选拔，我认为 A 合适。理由有五：

1. 公司经理必须以利润最大化为目标，要从最高层起坚定这一理念不动摇，不讲效益的经理不是好经理，所以 A 经理适合。

2.B 经理做行政副总，以其办事风格和特点正好与 A 形成互补。A 主外，B 主内，优势互补，何乐不为？

3.C 经理做技术副总，让其抛开市场营销和行政管理的烦琐事务，专心做技术支持，不要让他做不愿意做的事。

4. 正好 A、B、C 三人各有特色，公司的管理团队就形成了市场、管理、技术“铁三角”，这种搭配应该是比较理想的。

5. 不过 A 上台后，不要忘记给 B 兄、C 兄的薪水上浮一成，这一点别忽视。

意见四：按气质分类来看，A 应该是胆汁质。此类人行事大胆果断，也易冲动，行事不太深思熟虑，有目标不会轻言放弃。偏偏 A 的人格特质中又欠缺责任感。A 做做业务也就够了，总经理的位置绝对不可。C 应该是抑郁质。此类人活动性、冒险性、社交性、表露性均呈弱性，不适合做领导人。冲动性显弱，理智性、责任感显强，充分说明了 C 在技术岗位的心理特征上胜任。C 做总经理比 A 还要不妥。B 应该是多血质。就 B 而言，活动性、社交性、表露性均呈强性，责任感、理智性、冒险性中强，冲动性中弱，应该是做总经理的很好的人选。责任感、冲动性有可能影响了 B 的办事效率，但是冲动性弱恰恰说明了其行事计划性强，瞻前顾后。责任感稍欠可以有针对性地培养。可以给 B 配个助理，以提高办事效率。

就三人来说，B 强于 A，A 强于 C，B 是最好的人选。至于 C 辞不辞职的事情，这里就不说了，交给 B 去办，相信他不会让你失望的。

意见五：A、B 经理都要进一步培养，如果公司没有能力对 A 经理进行教育、引导，只能说明公司原来的总经理在培养接班人方面的工作太差。C 经理对公司的忠诚度有问题，不能委以重任。总体感觉 Z 公司在管理层梯队建设方面存在很大问题，造成现在选拔总经理捉襟见肘，没有人才可选。

意见六：根据公司目前所处的状况（行业内的领导公司，准备上市），需要一个作风比较稳健、可以掌控大局的领导人。综合而言，B 应该是最合适的。企业的相关规定应该是上行下效的。A 有点过于结果导向，A 做总经理的后果很有可能是短期效益非常明显，而长期效益让人担心。而且，A 是很自信又有点刚愎自用的人，这样的领导比较适合成长期的公司，对于稳定发展中的公司则不是最好的选择。而 C 应该是三人中最不适合的了。如果每次的要挟都可以被满足，只能导致这种恶行日趋激烈。

重点提示：

你身为中层经理，有无上述三者身上的优、缺点，又该如何完善自身，才能有利于职场进步？

人力资源经理的权力如何行使

A 和 B 是无话不谈的朋友，并分别是 BBC 公司人力资源部人事助理和销售部文员。

销售部经理因 B 不能胜任工作而向人力资源部提交辞退申请，计划在 15 天内解除 B 的劳动合同。销售经理将辞退申请交给了人力资源部人事助理 A。A 看到辞退书后大吃一惊，他将辞退书转交给了人力资源部经理。人力资源部经理详细审查了各种文件，做了有关了解后在辞退书上签了字。按公司的规定，辞退书不经过总经理审批即可生效。经理和 A 协商后准备在一个星期之后通知 B，安排 B 领取相应的补偿，并让其离开公司。

A 觉得应在此时帮 B 渡过难关，为了使 B 留下来，他将此事告诉了当地政府主管官员 C。C 与 B 是亲戚关系，并影响着公司 80% 以上的业务。

C 听说后假装到公司参观，在参观过程中故意向销售部经理提及并询问了 B 的工作表现。人力资源部经理感到事情重大，向总经理汇报了基本情况。两天后，人力资源部经理接到了经过董事会讨论形成的决议：将 B 留下来。

问题：如果你是人力资源部经理，你将如何处理 A、B？如果公司董事会讨论后形成的决议是将 B 辞退，你又该如何处理？

参考意见：

意见一：如果我是这个人力资源部经理，我会基于B的行为特质和工作能力，将其调到其他部门。当我了解到事情背后的真相，我会将A调离人力资源部。人力资源部的任何一个员工都要有机密性，A职业水准不是很高，对于人力资源的理解也不明确，所以把他调到其他部门最为合适。

如果公司决定辞退B，那作为人力资源部经理应该支持、履行公司的决策，但为了公司的长远效益，我会通过私人关系将B介绍到其他公司。这样一举两得。

意见二：A聪明，如果不是他向C通风报信，真的得罪了C，后果就严重了，所以A有功。

意见三：A不可留。他向C通风报信，纯粹为了救朋友，丝毫没考虑公司。如果他真的有职业素养，应该主动找领导谈B与C的情况，而不是背后耍小伎俩。

意见四：对于B，我的看法是我们可以给他做工作，让其了解自己的业绩。如 果他自己认识到自己的错误，我们人力资源部就没有处理这件事情的困难了。如果我们不能做好B的工作，我们只有更换他的职位。我认为这主要体现人力资源部人员的沟通能力。而对于A，我认为可以让他离开了。

重点提示：

如果你是这个人力资源部经理，能掌握何时何事向领导汇报的分寸吗？

这一笔供应商的钱能不能给

老板出国考察要4月10日才回国，临走前安排你处理公司的一切事务。供应商李总和老板是好朋友，两家公司一直合作得很好。3月9日李总来找你，说他最近资金周转较困难，请求将你公司本应4月15日支付的货款15万多元提前付给他。你询问了财务部，李总公司的对账单已核对无误，我公司账户资金充裕，近一个星期内没有计划外应付账款。你批示财务部，付给李总此项货款。财务部主管提出了异议，说不可以破坏规定，不同意提前支付。

问题：你是否会坚持并落实你的决定？老板回来后，你怎么解释自己的选择？

参考意见：

现在你是“临时大总统”，老板考察你。假如这一段时间工作主持得非常好，你肯定会受到提拔、重用，如果表现平平，那么可能有待考察一段时间。有的人可能讲，要把这个钱给人家，因为李总是公司总经理的好朋友。而且需要帮忙的时候，你不帮他忙，将来在业务上会产生一些困难。如果你给他，总经理回来可能会骂你，为什么会骂你？理由如下：

才让你主持工作一段时间，你就可以破坏公司的规定。这个规定可以破坏，你还有什么规定不敢破坏呢？此人怎堪重用？

假如这个钱不给人家，我认为总经理回来可能还得骂你，理由如下：

你这个人死脑筋，这些问题都不能灵活处理吗？怎能担当大任？

其实不管这个钱给还是不给，都没有标准的答案。很重要的一点，要注意你的思考方式，你在处理这件事情的时候，不应该过多地考虑你的客户和单位的一些情况，最先要考虑的是总经理怎么想，你的老板怎么想。假如你的总经理是一个非常注重流程，注重管理，注重制度的人，这个钱千万不能给。假如你的总经理是一个很好的朋友，很有人缘，很善于和各种各样的供应商、客户处理关系，非常注重人性化方面的服务，这个钱给也无妨。

这一道题本身没有标准的答案，仅仅提醒各位，在处理日常工作的时候，想一想领导会怎么处理。

别的部门不买我的账，怎么办

我在一家企业做部门经理，我的工作是管理，但不是一般基础业务的管理，而是品质改善方面的促进。所谓促进，就是真正从事改善活动的人属于各业务部门，我只是对所有部门此方面的工作进行推进、管理。换句话说，我管理所有人，可是所有人在职责上不属于我直接管辖（都有其各自的部门领导），我直接接受总经理的领导。

现在面临的问题是：

1. 我所推进的工作，虽然领导大力强调推进，但在各部门的所有业务中实际所占份额只有 2%~3%。

2. 各部门领导，包括所属员工从来以基本业务为主，根本不关心改善活动或者压根儿反感，而我对他们没有管辖权。

3. 总经理虽然总是强调其重要性，但对下属管理者（除我之外）是不考核这一块工作内容的。而对我，因为这是我的主要工作，必须要考核。所有人完不成指标没有任何惩罚，但会使我的考核评价降低。曾经有一位管理者直接对我说，反正我们不交报告，最后挨说的是你，不是我们。我该怎么办？如何去推进我的工作？

参考意见：

意见一：对于你这部分的工作，在其他部门的整体工作当中所占份额仅有 2%~3%，所以人家不重视，我认为这是正常的。他肯定还有更重要的工作去做，他没有什么错，肯定是找那些占比重更大的事情去做。

意见二：假如你去和人家沟通，叫人家做改善，人家根本不听你的，甚至压根儿反感。我认为是你沟通失败，你的沟通能力、沟通方式有问题。或许你讲得太枯燥，太不生动，让人家根本无法接受。就像我们讲课一样，如果讲得太枯燥，下面的学员就会打瞌睡。这能怨谁呢？不能怨学员，只能怨讲课的人。我们在实际工作当中也是这样的。你去跟人家谈，人家不理你，不理你说明你在沟通上有问题。你自己要改善，所以这是你的错。

意见三：与别的部门沟通时，你是站在“管理”的立场，还是“服务”的立场？如果你去管理人家，人家肯定有抵触情绪。假如你是服务人家，人家一般不会把你赶出门。如果人家根本对你不买账，甚至说了，这项考核反正不会扣我的工资，只会扣你的分。说明你人缘有问题。所以我觉得在这方面，你作为中层经理，要反省自己。

意见四：总经理只考核你，而不考核其他经理，说明什么？说明你和总经理沟通不到位。既然这项工作很重要，你为什么不能说服总经理，把这一块内容放到考核里去？说明你沟通不到位，你的表达不能足够地引起总经理的兴趣，所以还是你的问题。

意见五，反过来，你全面地看一看，这件事情是不是真的很重要。假如你现在所做的工作不是很重要，那你干脆离开这个岗位。

下级越级报告，我这个部门经理怎么办

我是一家民营企业的部门经理，因为工作需要，我请了一个以前的老同事到这家企业。原以为大家会合作得很好，但事实上麻烦不断。关系太熟了就难以明确上下级关系，以至于他老是不愿意接受我交代的任务，总喜欢越级上报，大有取我而代之的意图。客观上说，我的专业能力比他略有不足，但是我在沟通、管理、规划方面比他要强些。我领导的团队做出了很多成绩，老板也比较欣赏我。现在他喜欢直接向老板汇报，面对这样的下属，我该如何对付？

参考意见：

问题的关键在于你自己！这个问题可以从以下几方面分析：

意见一：

1. 首先从你自身来看，你的心态要正确，要有容人之量。如果他真的有本事，让他和你平等竞争！这样也能促使你不断进步，未必是一件坏事。另外，应为大局着想，为企业的发展着想。

2. 在管理机制和技巧上再加强，确定其相关的职责与权限，完善内部沟通的机制与层级。

3. 没有一个人是十全十美的，要想成就大事，就要让大家都明白团队的重要性。五个手指头，长短不一，请问哪个手指头更重要？

意见二：

1. 恩威并施。找机会和他聊聊，暗示自己的引荐之恩及权利，试图摸清他的意图，让对方意识到和你对立的后果。

2. 两面人。谁能无过？怂恿自己的亲信挑出对方在工作中的小失误，让众人明白你是好人。肯定他的其他成绩，让其感恩戴德，知难而退。

3. 借刀杀人。把烫手的山芋推给别人，可以与其他的部门经理联系，在老板面前夸奖、称赞他的工作能力，并推荐或由其他部门经理点名他去其他部门工作。如果你的老板不是很傻，一定会有个很英明的决定。这样一来，你既不会在老板面前留下心胸狭窄的印象，还能保留一点点同事之间的情谊。

意见三：出现这样的事情是大家不愿看到的。作为本人要慎重处理，既不能听之任之，影响自己在部门中的地位，又不能影响朋友关系：

1. 分析原因。造成这样的结果，一是朋友对你本人有想法，可能是你没有照顾到朋友的需要；二是上级领导已经不再信任你了，有让你的朋友取代你的可能，这一点要高度重视。

2. 沟通。如果是领导对你不信任，要找一个合适的机会与领导进行沟通，了解领导对你的真实想法，消除彼此之间的误会，找回领导的信任与支持。如果是朋友的需求没有得到满足，同样在一个适当的时候，进行一次谈话，在此之前要精心准备好谈话的目的和内容、方式与时间等。如果是出现了误会，则消除误会，回归到正常的朋友关系。如果是没有满足朋友成才的需求，而此时你的朋友各方面也比较成熟，可以向上级提议予以提拔。

3. 处变不惊。一是出现这种情况之后，不要急，不要慌，不要好似天塌下来了，要临危不惧。要知道，作为一个部门领导，要求的是综合能力，特别是沟通协调能力及团队意识，能带队伍，能打胜仗，能为企业创造更多的利润，而不是仅限于专业能力。二是可以根据情况的需要，向企业高级管理层汇报工作，争取高层领导对你工作的支持，不至于到天塌下来的地步，一时找不到着落。三是做好离开的准备。自己所做的努力都做完，还不能改变的情况下，可以考虑部门间的交流，多岗锻炼，全方位锻炼自己。

意见四：既然是你请他来的，想必是想让他在事业上对你有所帮助。如果他对你的工作不能给予帮助，一个字，让他“走”。如果他在工作上能给你帮助，而且合得来，那就让他知道你是他的上司，他得向你汇报工作，用公司的制度去约束他，与他公平竞争。

话说回来，一个老板要找部门经理的话，他不仅看一个人的能力，更看重的是一个人的人品。作为一个下属，首先要尊重他的上司。一个越级汇报工作的人，只能说明他太自以为是，觉得自己比领导强。试想，如果老板提拔这样的人做领导，恐怕过不了多长时间，老板都指使不了他的员工了。哪个老板敢用这种人呀！再者，老板用人也是从下到上提拔的。你准能笑到最后的。

意见五：遇到这样的问题，从内心来讲，确实不好办，因为这个下级跟你还有一层关系，那就是朋友。解决这样的问题有两种方法：其一，找到一个你们俩人都认识的朋友，向他说明原因。通过第三方，向你的那位下级朋友讲明工作中正确的处事方法。其二，你既然是他的上级，有权力规划和制定本部门的工作流程。你应该在公开的会议上，宣布本部门的工作流程，针对的是每一个人。当然，工作流程是根据你的管理意图制定的。若有必要，事先可报送你的直接上级以取得支持。这样，通过正常的工作程序，可有效加强你对部下的控制，任何人都得服从。因为这是工作条例，所以不会产生个人的恩怨。要做到这一点就需要你具有领导的气质。

如何处理擅自行动的员工

一个风雪交加的晚上，一家特快专递公司要送一个非常重要的包裹给客户。送包裹的员工快到客户家时才发现，这位客户住在山顶上。大雪已经封死了上山的必经之路，而约定包裹送达的最后期限马上就要到了！于是这位员工当机立断，在没有请示公司的情况下自己做主雇了一架直升机，并且自己用信用卡支付了所有费用，把包裹送了上去。客户感动万分，马上向当地媒体通报了这件事，于是这家公司声名大振。

1. 评价这位员工的行为。

2. 分析这个案例中折射出的该公司的管理文化与制度。

3. 如果你是经理，如何处理此事？

参考意见：

意见一：这位员工表现出了一种非凡的处理突发事件的能力，且具有高度的责任感，虽然采用的方法有一点冒险，但至少可以保证公司信誉不受损。而且在当时的情况下，即便马上请示公司，也不会得到更好的解决办法。在这种情况下该员工当机立断，既保全了公司的信誉，同时通过这件事使公司声名远播！正所谓，“将在外，君命有所不受。”只要能达到最好的效果，“先斩后奏”也不是不可以的！

意见二：表扬，然后辞退，否则下回他在维护公司信誉的借口下都敢把公司卖了！

意见三：该员工具有责任感和服务意识，但对权限分配有未详尽之处。

意见四：先与收件人沟通，如果是必须马上送到，再采用这种方式。不过这个员工至少首先考虑的是企业的利益，因为他在没有通知公司的情况下，是自己付钱雇用的直升机，如果报销不了，也是他自己承担。公司应该报销并表扬，但也得申明公司员工下不为例。公司可趁此机会宣传一下，品牌也就出来了。

意见五：按照中国人的中庸之道处理：

1. 先给块糖吃，对他为公司赢得美誉的行为予以表扬！

2. 再打一棒，告诉他以后不要再如此擅自主张了，本次费用予以报销，下不为例！

意见六：该员工的行为显然是受到了公司文化的影响，且他认同这种文化，反映出了客户至上的理念。其实说到对或错，还是要深入了解该公司的文化与经营理念。如果强调的是客户、品牌、信誉，那么员工的行为值得肯定，但在肯定的同时要提出方式的选择问题。如雇直升机在当时是不是最可行的办法，以避免后续有员工无所顾忌的创新。如果公司注重流程、成本，该员工就要受到多一些的批评了。聪明的做法应该是对该员工表扬一通，然后私底下再告诫一通。

考虑的方面还有很多，如包裹的重要性。还有该客户是得知该 员工私自雇直升机送货才感动的。如果员工在山下联络到客户，并说明原因，只要沟通顺畅，想必客户不会怎么责难，除非包裹关系重大。

案例：

业务部小赵和司机小钱出去送货，到目的地时客户工厂刚好是下班时间，要等下午上班后才能卸货。客户工厂收货员小孙对小赵开玩笑说，要小赵请他吃饭。小赵是个直爽大方的人，热情地拉着小孙吃饭，三人共花了 68 元。第二天小赵来找你签字报销招待费。公司规定业务人员未经公司批准不得对客户请客，送礼。老板告诉过你，3000 元以下的费用审批由你全权处理，不用请示老板。你是否会给小赵签字报销？

参考意见：

报还是不报，可能有两种想法。一种想法是不报，制度定了，谁都不可以违反，肯定不能报。你今天给张三报了 68 元，明天李四就拿 78 元来，后天王五拿 98 元来，那还得了？还有一种看法是，完全可以报，人性化嘛。他是和客户在一起吃饭的，又不是和自己的家人吃饭，干吗不报？如果不给他报，小赵的工作积极性受影响，上班的时候吊儿郎当，到客户那儿去爱理不理，管他卸不卸货，麻烦又来了。而且小赵作为公司的普通员工，拿的薪水有限。如果让他自己掏钱请客户吃饭，于情于理都说不通。

这里面临着一个矛盾，情、理之间的矛盾。按照制度，不能报。但从人性的角度上来讲，让小赵自己掏这个钱不合情理。这件事情没有标准答案，根据不同的企业、不同状况可灵活处理。假如你的企业非常注重管理流程，重视制度，是个几千人以上的大企业，像小赵这样的业务员有 200 个，肯定不能报。假如你的企业目前规模还比较小，提倡人性化管理，像小赵这样的业务员也就 5 个，有很多事情需要他们去处理，有一些具体问题需要他们去解决，这个钱还是应该报销。但是报销的同时，把后续的工作要跟上，制定制度，重申规定，严格报与不报的区别。在小一点的私营企业中可能有更好的解决办法，老板从自己口袋里掏 68 元给小赵，同时严肃地告诉他，费用是不能报的，这是我个人给你的补贴。

怎样面对“头痛下属”

公司有一负责电脑硬件维护的员工，职务不高，但资历很深。他常不遵守公司的制度，对同事态度比较恶劣，喜欢占公司的小便宜，让公司很头疼。此人工作业绩虽不突出，但也没有什么大错，该如何处理这样的员工？

参考意见：

首先，梳理管理制度是否有漏洞。案例中的员工既然资历很深，说明公司里有其长期生存的土壤。这个土壤很大程度上在于管理不规范，制度上有机可乘。管理者应该反思自身的管理意识、观念及体制，及时把漏洞堵上。否则，即使辞退该员工，只能治标，不能治本。一个问题员工走了，还会出现第二个、第三个。

其次，加强企业文化建设。如果说，制度建设是刚性的，那么企业文化的建设就是柔性与长期的。两项建设并举，才能有效解决问题员工的问题。在良好的企业文化氛围中，无论是老员工，还是新员工，都能够准确无误地把握公司弘扬什么、杜绝什么，并以此为标准要求自己。

最后，观察问题员工，监控改进情况，对长期没有起色的予以辞退。另外，此人的可替代性如何？辞退的理由是否有警示性？是否能以此为契机对公司进行整顿，重组队伍，起到杀一儆百的作用？

迟到扣款与带薪休假能否冲抵

某公司合同规定的发薪日为每月 30 日，上月因为支票问题，拖延了半个月。一位已在本公司工作两年的员工提出辞职。此员工在本月正常的工作日有 7 天迟到记录，按公司规定要予以扣款。另外，公司《员工手册》规定，服务两年的员工有 7 天带薪假期，员工未休年假的，可按天数付薪。故此员工提出要用未休假期来抵冲他的迟到，是否可以这么做呢?

参考意见：

意见一：我觉得没有什么不可以，以后他就没有这个借口了。

意见二：这是两个问题。

1. 公司因为不能按时支付员工的工资，员工可以随时提出离职，企业应为其办理离职手续。

2.《员工手册》有明确规定，迟到、早退应扣罚。为了维护公司规章制度的严肃性，必须扣罚并张贴公布，以儆效尤。

3. 员工未休的年假可以按出勤在离职员工的工资中发放。

意见三：

1. 先明确员工是因为公司推迟发放工资而辞职，还是因为其他什么原因。如果是因为推迟发放工资，可以向他解释清楚，让其明白推迟半月也不是违法的，他若因这个原因提出辞职是没有经济补偿金的。

2. 可能在员工看来迟到这边扣钱，那边带薪假期补钱，搞来搞去一样。但作为人事要向他声明，这是原则问题。按公司制度，该扣的要扣，该补的会补。之后你可以再次公告声明此类事件的处理原则。

怎样完善加班制度

某制造型企业为提高工作效率，决定严格控制加班，出台了一项规定：需要加班的员工必须在加班前的最后一个工作日下午6点前，把经过直属领导批准的加班申请交到公司人事部，由人事部负责人在上面签时间，包括日期和钟点。没有在规定时间提出申请的员工，即使实际上加了班，视为无效，不发给加班工资。此外，加班申请上需注明预计需要加班几个小时，实际加班时间与计划不能相差太远，部门主管和领导需要对加班时间进行监控和评估。

规定出台后，员工反应很激烈。大家提出三点疑问：

1. 有些时候，加班是由于工作中出现了突发状况。谁能够准确预计自己什么时候要加班，需要加班多长时间呢？而一旦错过申请时间，加班就变成无效劳动了。

2. 加班申请首先需要直属领导批准，但哪些加班能够被批准，哪些不能，没有一定的标准。

3. 虽然公司对加班时间有监控制度，但漏洞很大。员工只要到时间来打卡就行了，至于实际上有没有加班，神不知鬼不觉。这样如何保证加班的公平性？

员工们认为，公司出台这项规定就是变相逼员工不要加班，或者加了班不发加班工资，怨气较大，对公司的满意度下降。你作为企业部门主管，如何完善加班管理制度？

参考意见：

第一步，按加班情况的不同，实施不同的管理方案，不搞一刀切。加班分两种，即计划加班和应急加班。对制造型企业来说，工作日通常都是应急加班，如机器出现故障，需要紧急抢修，或生产线上有其他突发状况。应急加班在实际加班的当天 6 点之前提出申请即可。周末和节假日加班属于计划性的，因此应当提前一段时间进行申请，以便企业提供门卫、保安、食堂等方面的配合。周末加班可于加班前最后一个星期五的下午 6 点前提交申请，节假日更是可以提前半个月就进行申请，因为这类加班一般是设备的定期维护，是可以预期的，应当给企业一定的反应时间，部署准备工作。

第二步，针对不同的加班对象，实行不同的加班费发放政策。管理人员一般不发放加班费，他们的加班补偿通常以调休来表现。因为管理人员的工作弹性较大，可供自由支配的时间比一线工人多得多。但该公司的规定中没有体现出这一区别，管理人员和普通工人一视同仁。管理人员和一线工人都可以领取加班费，这很容易引起一线工人的不满。

第三步，把监控重点从员工转移到管理者。在原来的计划中，加班员工是重点监控对象，加班内容需要上级批准，加班时长也要受到监督。其实，监控的重点恰恰应当落在管理人员身上，因为他们手中握有批准员工加班申请的权力。只有加强对他们的监控，设立批准申请的标准，才能保证加班的必要性和公平性。

企业管理的基础是实现定员、定额管理，一个岗位上需要几名员工，一名员工 8 小时产出多少，都应有科学、定量的分析。加班费的发放是有一定额度的，如果长期超过额度，增加了用工成本，说明定额不准，管理有漏洞，应当对管理者予以相应惩罚。企业制定加班制度的出发点不是少发加班工资，而是提高员工的工作效率，保护他们的身体健康，应当把这个信息传递给员工。相反，把员工作为监控对象，会伤害到他们的感情，不利于工作效率的提高和工作环境的稳定。

任何制度都是人定的，都有空子可钻。如果有人钻制度的空子，必然会影响其他人的工作情绪。因此，建议从企业文化建设入手，对员工进行必要的教育，加强员工的职业素质和职业道德。

员工私捞好处，漏洞怎么补

我们部门是做电器、电脑技术服务的，近日我偶尔发现有几个员工在给客户提供上门服务后，回来报收服务费时少报虚报，开单数比实收数少。有几单因为技术原因，客户投诉返修，我在追究时才发现。我们一般根据故障难易程度来决定收费额，主要由技术员检查判定后定价，员工作弊一般有三个方面：

1. 我们这行面对的顾客比较广泛，有些客人为了少支付点费用，与我们的技术员私下合作，将大问题化小处理，收点小费用应付公司（甚至不给公司任何费用）。除非技术上出了较大问题，否则公司很难发现。

2. 技术员虚报瞒报。技术员在客人处新接的其他技术业务工作，当即处理完后，很少回公司如实汇报。

3. 技术员私派个人名片，并告诉客人直接与他个人联系比公司价格优惠。

利用公司名誉去谋取个人的私利，公司还花钱供着他，该怎么处理这类无职业道德的员工，让他和其他员工心服口服呢？

参考意见：

意见一：有必要清理这些人吗？如果不是很严重，能闭一只眼就闭一只眼。如果没有典型，那就是说不很严重。

八戒的私银
可买斋饭！
让二哥顾挑夫吧！

意见二：不能睁一只眼，闭一只眼。如果姑息这种行为，他们以为公司拿他们没办法而得寸进尺，后果可能是这种现象越来越普遍，势必影响到其他员工（将本属于公司的收入当作外财占为己有），有机会就仿效，没机会的就心里不平衡（没外财）。这样下去，公司在有形无形的损害下还能支持多久？

意见三：

1. 员工由于观念不正确，导致私下里与公司离心，并派发个人名片，且表示价钱优惠等。这是公司管理的责任，一开始就没有给员工强调在本公司工作，私下做直接有损公司利益和形象的其他业务，应该追究其法律责任，并予以开除处理。

2. 客人参与员工作弊，是为了少支付点费用，才会想歪路与技术员私下合作，将大问题化小来处理。这个问题出现在客户身上，就要想办法，做出什么样的质量保证、信用承诺来托住客户。设计一份客诉异常处理单，内容尽可能包括维修、更换零件的进出账目控制等，并向客户明确本公司各零件的商标（可用特殊贴纸）。

意见四：每个客服项目做完之后，第二天打电话对客户进行回访，名义上是问客户还有什么需要服务的，实际上了解客户给的费用是多少。然后，把数字登记下来，到月底算总账，把害群之马贪污的钱扣回来。开除一两个，天下将从此无事。

意见五：因为维修行业的特殊性，这类现象不可能完全杜绝！如果对公司的损失不是很大，也就只给他们一个提醒，培训时给他们上几节职业道德课。如果太过分了，可以采取以下几种方法：

1. 改变薪酬方案，只给基本的生活底薪，按情况（公司现在的业绩 + 作弊损失的部分）给他们定业绩，完成业绩就发提成，没完成就停止出工，参加培训（包括职业道德）。

2. 派两个人（搭配一个可靠的）出去，一般情况下，三个人作弊不太方便。

3. 维修人员不接触钱，也不具体定价，只负责记录维修情况，回公司再派人凭单收钱。

最主要的还是员工的素质问题，建议表扬好的典型（贴海报、发奖金），严厉处罚作弊的行为人，或者干脆换人（变动职位）。对屡教不改，情节严重者一律辞退！

金钱激励是不是万能的

深圳有家电子企业很重视员工的技能培训，几年下来便拥有了一批得力的技工，成为生产骨干，一时间订单不断，利润大增。老板欣喜若狂，对这批骨干宠爱有加，频频加薪宴请，嘘寒问暖。老板颇为得意，一手抓金钱，一手抓酒瓶，还怕你们不卖命？

谁知好景不长，那个技工头目本是老实人，但几年下来满脑子只有钞票、美酒，本分的他逐渐变得自私、贪婪，和老板酒酣耳熟之际竟萌生了歪念：我有一批骨干，老板没我不行，何不敲他一杠？他开始时借酒意暗示，果然得手，继而得寸进尺，私欲一发不可收拾。稍不遂意，他便带头怠工，再以集体跳槽相威胁，最后竟然在外商验货之际做了手脚，使企业损失惨重。老板怒不可遏，把这批技工全部炒掉，企业元气大伤。遭此一创，老板心中阴影难消，再招技工竟颇为踌躇。而那批被炒的人今后要改邪归正，做个有技术、有品德的好员工，恐怕也不易了。金钱并不万能，除了给钱，我们还要给什么？

参考意见：

意见一：企业缺乏一套完整的人力资源管理系统，完全凭老板的个人喜好去办事，这是时下民营企业的通病。全看老板一个人的，不失败才怪。

意见二：首先，应将这批人拆开，决不能在企业中形成小团体。其次，在企业中形成人才梯队，技术不能只掌握在少数人手中，这样企业就不会太被动。再次，应培养员工的精神，不能光靠金钱。

意见三：其实老板本身也有责任，如果他能从企业长远发展的角度看问题，将员工的精神与技术培训一起做好，怕也不会产生这种后果。古代用人原则说：德才兼备者重用之，有德无才者育而用之，有才无德者防而用之，无德无才者弃之。还是很有道理的！为什么我们今天就不能学一点呢？企业培养人才应该从企业的根本点出发，不要让员工唯利是图！

意见四：员工技术良好但素质不高，会做事但不会做人，这类问题在企业当中并不少见。一个重要原因是很多企业的培训理念和内容有缺陷，没有把做事和做人统一起来。当企业竞争拼到员工素质这个层面时，人的决定作用凸显，此时才如梦方醒，还来得及吗？

首先要经常给员工做培训，做心理辅导，做素质教育，描绘愿景，要日日做、月月做、年年做。坚持以情动人，以理服人，以正胜邪，以心换心，营造良好而稳固的企业人文环境。其次，要把教育培训与待遇、管理、奖惩、升降职和为员工排忧解难等糅合起来，形成系统工程。虽非易事，但须坚持。当你把“雇佣兵”训练成“子弟兵”，当效率和效益这两张“王牌”成为你的核心竞争力时，你会觉得别无他途，再难也值！

中层经理的“夹板气”如何排解

夹板气一：上夹板的责骂 + 下夹板的抱怨

因为手机话费的报销问题，推广部经理张林觉得挺别扭。公司参加了一个大型推广展会，在展会期间下属小李利用自己的手机进行工作联系，因此他希望公司能报销一部分话费。张林很痛快地签了字，可是报销单传到老板那里被驳回。理由一：事先没有申请。理由二：报销需要话费清单。区区百十来元的事，没想到搞得这么复杂。张林觉得主管当得真窝囊，于是打电话亲自向老板解释。老板只讲推广部今年的费用已经超出预算，可市场反馈差强人意……张林没想到一件小事倒惹出了老板的真心话。想一想自己为打开市场天南地北做空中飞人，怎么在老板眼里变成了只花钱无成效的“支出大王”？

张林郁闷地挂断电话，又不知怎样向小李解释。说老板不同意吧，岂不是暗示老板小气，让下属对老板产生嫌隙？说自己没有事先写申请吧，那为什么大笔一挥在人家的报销单上签字，结果让人家自讨没趣？真是两头不讨好。张林委婉地向小李表明了老板的意思，小李听后哭笑不得：“这钱我也不报了，以后有关公司的事请不要打我的手机。老板小气、有原则，我也一样上行下效，学小气、讲原则。”张林连忙解释说：

“不是小不小气的事，公司有公司的制度和规定，老板有他的考虑。如果在咱们这里破了例，那他以后如何面对其他的部门？”然而小李根本听不进张林的话，他笑着撕碎那张报销单：“也不难为你这个大经理啦。”便扬长而去，留下张林尴尬地待在那里。

参考意见：

上司有上司的立场，下属有下属的理由，让主管烦恼的是上司根本不体恤你的处境和苦衷，下属也不会理解你这个中层做得有多么辛苦，这是做主管的悲哀。

“拆夹板”一：不知己，不知彼。作为主管向老板汇报下属的业绩，提出相应的奖励要求，这并没有错。但张林不了解老板的为人和行事风格，也不清楚自己部门的业绩是否得到老板的肯定，自然招来老板的不满。

“拆夹板”二：不要让语言走在行动的前面。在为下属申请的奖励没有得到批准前，不必向他信誓旦旦地承诺，以免结果有偏差，难以向下属交代，自己走进受夹板气的死胡同。

“拆夹板”三：要学会变通，权力只能在自己的职责范围之内行使。张林仅仅是个经理，不是老板，他最大的权力是鼓励下属、肯定下属，学会在自己能力达不到的时候以其他方式表示对下属的肯定，比如请他吃顿饭。

“拆夹板”四：要让下属理解你，让他知道身为主管的你会站在公司和下属两个角度来考虑问题。你会公正地评判每位下属的成绩和努力，也会不失时机地为他们争取利益。

不管你在公司的职位如何高，只要你在老板之下，就要切记一点：你是协助老板完成经营，而不是制定决策的。因此，老板的决定即使不如你意，甚至与你的意见完全相反，你也应该全心全意去执行他的决策。既然没有改变上司决策的能力，那么你在执行时就要讲究策略。既要把上司的决定委婉地传达给下属，又要安抚下属的情绪。有时候，你必须扮演变压器的角色，将老板输出的电压值予以调节之后，再传递给下属。

夹板气二：上夹板的推诿 + 下夹板的愤怒

人事部王经理最近遇到了一点麻烦：公司终于答应给员工们办理社会保险了，但需要分批进行。谁知在为第二批员工办理社保手续的时候，公司调换了王经理的主管。新上司戴总天天绷着脸，说社保的事得重新审定，等忙过了这一段再说。谁知这一说就过了大半年，王经理再提此事，戴总不发表意见，闹得王经理心里没底。这时候，终于有人沉不住气了。王经理的助手沈晖已经第五次向王经理提出上保险的事，王经理的搪塞令他十分不满。

更让王经理烦心的是，工程师王瑞在出公差的路上出了车祸，由于尚未给他办理工伤保险，他一条腿的代价只换回了两万元的意外伤害赔偿。这件事让大家震怒了，员工们纷纷来人事部质问关于办理社会保险的事。王经理支支吾吾地回答自然引起员工们的不满：“为什么你自己的保险都办妥了，到我们这里却推三阻四？”实际上王经理从没有忘记和老板争取这项权益，只是自己的顶头上司对他的谏言充耳不闻。他就这样成了在上司与下属之间周旋的汉堡芯。对上，老板希望他能为公司的发展献计献策，分担发展企业的重任，不要张口闭口就是福利、加薪、升职，告诫他要站在老板的位置上考虑问题。对下，员工希望他能成为大家的代言人，为他们伸张正义，提高员工待遇。可是他现在是猪八戒照镜子，里外不是人。更糟的是，王瑞的事赶上了劳动监察部门的大检查，在被查出违规行为后，劳动局毫不留情地给公司开出了罚单。员工们咬牙切齿地解气，戴总却忙着推卸责任，王经理难辞其咎，还有两个月到手的年底分红就这样泡了汤。王经理心里的苦水三天三夜也倒不完。

参考意见：

虽然我们不能为了取悦老板不顾下属的利益，或者为了下属顶撞老板，但是在大是大非的问题上，一定要坚持。当戴总不支持王经理办保险时，他应该对这件事坚持跟进，并将报告抄送给公司的决策者，阐明利害关系，站在公正的立场上分析问题。即便后来出现了王瑞事件，也会减少自身责任。这是一种自我保护的方法。

“拆夹板”一：向上司陈述事情时，最好用文字并保留底稿。

“拆夹板”二：对下属的诘问要理解，不要因此发脾气，否则会被人说成是气急败坏。

“拆夹板”三：当提议无效时，试着改变和上司沟通的方式，争取求得其他主管的帮助和支持。

“拆夹板”四：遇到难题时可侧面让下属了解，如果能得到他们的理解和建议最好。

要想成为一名出色的主管，关键的一点就是：赢得别人对你的支持。人是企业中第一宝贵的因素，任何时候都不可缺少。赢得员工的心，才能有“士为知己者死”的精彩。要及时体察“民情”，解决他们最关心的问题。关键的一点是加强与下属的沟通，主动把问题摆到桌面上来谈，以求得到大家的理解。也许你的下属在了解了真相后，能帮你想出一些好点子。

先救谁？
太公
吕后
吾父即尔父，
谅你不敢烹，
先救老婆要紧！
项羽
刘邦

中层经理的排气妙招

第一招：踏实做事，清白做人。这是职业人的基本素质，也是支撑自己挺直脊梁的“巨能钙”。对上司交代的工作努力完成，发挥团队精神，求得下属的理解与支持。在解决问题的过程中，以一颗坦诚的心对人，这样即使出了差错，你也会问心无愧。

第二招：智谋减轻上层压力。老板的压力像一座山，常常令人透不过气，因为很多老板不会去关心执行任务的过程，他们只看重结果。可是如果事事顺利，凭什么高薪请你做主管呢？在和老板沟通时，注重方式和技巧，多设计几种沟通方式。比如对直率型的老板，不用兜圈子。对视权力为生命的上司，得学会大事小情多请示，请他拿主意。很少有老板喜欢那些总为下属争三争四的人，为下属争东西往往意味着公司要有付出，就要多花些心思让老板认识到下属对公司的贡献。在执行任务的过程中，及时让老板了解你的进度，及时得到他的意见和支持，也是一种重要的减压方法。

第三招：宽容转移下层推力。下属是团队的重要组成分子，也是助你充分发挥能力的执行者。不要以为别人是你的兵，就得听你吆五喝六。每个人都希望得到认可和尊重。谁也不想犯错误，毕竟出了差错是一件令人难堪的事。以能力服人固然重要，以德服人、以心服人更加难能可贵。

此自检是检查您对中层经理管理技巧和理念的掌握情况，请在右边的空格里填写“是”或“否”，每道题1分。

7-1 课程总自检

1	你知道为什么会有中层领导干部吗？	○是	○否
2	你知道对于中层不同阶段的定位吗？	○是	○否
3	你知道管理的科学与艺术吗？	○是	○否
4	你明白承上启下的真谛吗？	○是	○否
5	你知道如何让领导认可吗？	○是	○否
6	你知道中层的“夹板气”是怎么造成的吗？	○是	○否
7	你知道中层的两大罪过吗？	○是	○否
8	你知道中层的一大软肋吗？	○是	○否
9	你知道中层的三大难关吗？	○是	○否
10	你知道别的经理不配合你，该怎么办吗？	○是	○否
11	你知道如何得到同僚的好感与支持吗？	○是	○否
12	你知道怎样获得下属由衷的尊敬与信赖吗？	○是	○否
13	你知道如何激励下属吗？	○是	○否
14	你知道如何辅导下属吗？	○是	○否
15	你知道如何提高下属的业务能力吗？	○是	○否
16	你知道好员工是怎么培训出来的吗？	○是	○否
17	你知道如何管理“头痛下属”吗？	○是	○否
18	你觉得中层应该做英雄还是做领袖？	○是	○否
19	你知道如何营造安全感、归属感吗？	○是	○否
20	你知道为谁而工作吗？	○是	○否

如果您的分数在 16 分以上，说明您深谙中层管理的真谛，已经具备比较好的管理技巧，但还需要努力。

如果您的分数在 12~16 分之间，说明您对中层管理有一定的了解，但是还远远不够。作为一个领导者，当今社会对您提出了更高的要求，您应该不断地充实自己。

如果您的分数在 12 分以下，那么您得好好补充关于中层管理的知识了。

图书在版编目（CIP）数据

中层经理怎样当？. 职场规则篇 / 薛灿宏著. -- 北京：经济日报出版社，2021.6

ISBN 978-7-5196-0851-4

Ⅰ. ①中… Ⅱ. ①薛… Ⅲ. ①企业领导学 Ⅳ. ①F272.91

中国版本图书馆 CIP 数据核字（2021）第 106105 号

中层经理怎样当？职场规则篇

作　　者	薛灿宏
责任编辑	张　莹
助理编辑	陈礼滟
责任校对	刘　颖
出版发行	经济日报出版社
地　　址	北京市西城区白纸坊东街 2 号 A 座综合楼 710（邮政编码：100054）
电　　话	010-63567684（总编室）
	010-63584556（财经编辑部）
	010-63567687（企业与企业家史编辑部）
	010-63567683（经济与管理学术编辑部）
	010-63538621　63567692（发行部）
网　　址	www.edpbook.com.cn
E - mail	edpbook@126.com
经　　销	全国新华书店
印　　刷	北京文昌阁彩色印刷有限责任公司
开　　本	710×1000 毫米　1/16
印　　张	14
字　　数	137 千字
版　　次	2021 年 9 月第 1 版
印　　次	2021 年 9 月第 1 次印刷
书　　号	ISBN 978-7-5196-0851-4
定　　价	49.00 元